ちくま学芸文庫

ナショナリズム

その神話と論理

橋川文三

筑摩書房

目次

新装版によせて

私がこの「ナショナリズム――その神話と論理」を書いたのは、一九六八年八月のことであった。当時紀伊國屋書店の嘱託だった村上一郎の教唆によるものであった。その村上はその後一九七五年三月に自刃して世にいないが、私にとっては彼の思い出もこの書物にはこめられている。

このたび本書の紀伊國屋新書版を改め、新しく新装版に改めたいという同社の依頼である。私は本書の内容がいかにも貧しいという実感があったが、その貧しさかげんも、新たにこの同じテーマにとりくむ人々には、かえって一つの刺激材料になりうると考え、その依頼に応ずることにした。今ではそこに中国におけるナショナリズムの擡頭の問題を考慮に入れられると考えている。もちろんここに扱った時代範囲においてのことである。以上、新版に付する前書きにかえる。

一九七七年十二月

橋川文三

ナショナリズム——その神話と論理

序章　ナショナリズムの理念――一つの謎

1

F・シューマンはその大著『国際政治』の第八章「部族神の礼拝」(The Cult of the Tribal God) において、現代国際政治を動かす巨大な要因としてのナショナリズムの問題を論じているが、そこで彼は一般にナショナリズム鼓吹のためにとられている愛国心教育やプロパガンダのテクニックを論じたのち、次のようにつづけている。

しかし、それ〔こうしたテクニック〕だけではなぜナショナルな愛国主義 (National Patriotism) が西欧文明の文化やイデオロギーにおいて、かくもすべてに浸透するほどの地位を占めるにいたったのかを説明するには役立たない。それはたえざる自己認識の努力をつづけている西欧人も、多分決して十分に了解することのできない神秘《ミステリー》の一つである。(F. Schuman, *International Politics*, 1933, 3rd Edition, p. 302)

こうした当惑の気持は、ナショナリズム研究に携わる多くの学者たちによってしばしばいだかれたものであろうが、とくに『近代ナショナリズムの史的展開』(*The Historical Evolution of Modern Nationalism*, 1931) の著者C・G・H・ヘイズの次のような言葉は、その率直さのためか、多くの書物によく引用されるものである。

近代において、何がナショナリズムの大いなる流行をもたらしたのか? 私たちは本当にそれを知らない。それを知らないということは遺憾なことである。なぜなら、もし私たちがそれを知っていたなら、ナショナリズムの未来について、かなり精確な推測を下すことができるだろうからである。今の状態では、私たちは仮説と暗示とで満足するほかはない。(C. G. H. Hayes, *op. cit.*, p. 302)

もちろん、こうした発言は、ナショナリズムが徹頭徹尾、人間の理解能力をこえた神秘的現象であることを述べようとしたものではあるまい。これらの著作は、いずれも一九三〇年代のものであり、したがって、当時、ヨーロッパの政治と思想状況の中に、ある異常な民族主義の流行が目立ち始めたことの心理を反映したものと見るべきかもしれないからである。ノーベル平和賞の受賞者ノーマン・エンジェルが「政治的ナショナリズムは、現代のヨーロッパ人にとって、世界でもっとも重要なもの、文明よりも、ヒユマニティよりも、品位よりも、仁愛よりも、敬神よりも、ずっと重要なもの、生命そのものよりもはるかに重要なものとなっている」と述べたのもそのころであったが、これらはいずれもイタリアのファシズム、ドイツのナチズム、日本の超国家主義などに象徴される時代の不吉な傾向を念頭においていわれたものにほかならないであろう。そして当初、そうした傾向の本質が何であるか、またとくにそれを近代ヨーロッパにおけるナショナリズムの歴史的文脈においていかにとらえるのが妥当であるかということは、多分に曖昧なことがらでしかなかった。

たとえば、E・H・カーを委員長として行われたイギリス王立国際問題研究所のすぐれた共同研究『ナショナリズム』(*Nationalism,* A Report by a Study Group of Members of the R. I. I. A., 1939)の序論部分を見ると「本書におけるナショナリズムという用語は、マッチーニ、グラッドストーン、W・ウィルソンらと同じように、ヒットラー氏

（Herr Hitler）もまたナショナリズムの推進者と呼んでよかろうという意味で用いられている」という箇所が目にとまるが、これなどは、その数年後、Ｆ・ハーツが指摘したように、たしかに混乱をまねきやすい表現であった。ヒットラーをたとえばヘルダーやフィヒテのような文化的なナショナリストと同列に考えてよいかという疑問が生じるからである（F. Hertz, *Nationality in History and Politics*, 1944, p. 35）。

　ともあれ、ヘイズやシューマンの前述のような困惑の言葉には、ナショナリズムの歴史にあらわれたある異様な変質過程に直面して、状況の見とおしが立ちにくくなった時代の気持が相当ていど反映していると見てよいであろうが、しかし現代では、幸いにそうした事態は克服され、ナショナリズムの問題の見とおしはより明らかになったかといえば事実は全くその逆のようである。Ｂ・Ｃ・シェーファーは、前にあげたノーマン・エンジェルの言葉を引用して、現代ではそれは二つの点において修正しなければならない――一つは、ナショナリズムの重要性はたんに「ヨーロッパにとって」のみならず、「アメリカ人、アジア人、アフリカ人など、事実上すべての現代人にとって」重要となっていること、第二には、ナショナリズムがたんに政治のみではなく「人間生活の全領域」を包括するものとなっていることをつけ加えねばならないとしている（B. C. Shafer, *Nationalism, Myth and Reality*, 1955, Preface vii）。つまり、三〇年代においてナショナリズムが一つの謎めいた問題であったとすれば、五〇年代以降その謎はさらに拡大し、全人類的な規模《スコープ》と個人の人格的な深さとにおいて考察されねばならなくなっているというのである。

今、近代ナショナリズムの歴史に即して、こうした問題の加重状況を予《あらかじ》めかんたんにスケッチしてみるならば、およそ次のようにいえるかもしれない。

一、通常、フランス革命に始まるとされる近代ナショナリズムの古典的形態は、十九世紀の七〇年代からしだいにその様相をかえ、一九一四年の第一次世界大戦を画期として、E・H・カーのいわゆる「第三期」の段階に入ったとされている（cf. E. H. Carr, *Nationalism and After*, 1945, p. 2）。ここでカーが「第三期」というのは「第一期」（フランス革命前の民族国家形成期）と「第二期」（フランス革命から第一次大戦までの時期）にひきつづく歴史的段階を指しているが、この時期のナショナリズムに従来とことなる特質を与えた要因として、カーは第一に「新しい社会層が国家の実質的《エフェクティブ》メンバーの中に登場してきたこと」、第二に「経済権力と国家権力との新しい結合が目立ってきたこと」、第三に「国家の数が増大したこと」の三つをあげている（*op. cit.*, p. 18）。

ということは、十九世紀の最後の三十年間における人口の増大、都市化の進行、普通教育の普及、産業化にともなう生活水準の上昇、民衆の政治意識と政治参加の拡大、等々に示されるような巨大な社会構造の変化が、従来、産業ブルジョアジーの利害とのみ結びついていたナショナリズムの意識を大衆化したことを意味している。それはいうまでもなく従来のリベラル・デモクラシーにかわるマス・デモクラシーの登場とパラレルな現象としてよいものであろうが、こうして大衆の経済生活の要求と日常的に結びついたナショナリズムの進展は、それまで漠然と自由主義的に夢想されていたナショナリズムとインターナショナリズムの自らなる調和というイリュージョンを根柢からゆるがすことにもなった。その何よりも不吉なあらわれがファシズムであったことはいうまでもない。

このことは、いわば未だ完全に解消していない過去からの重苦しい遺産が現代のナショナリズム論に負わされていることを意味している。カーの言葉でいえば、「われわれがすでに第四期に入りつつあるかどうかを診断するには、今のところまだ早い」かもしれないのであり、未だわれわれは第三期のひきおこした災禍の意味から十分に解放されていないかもしれないのである。

二、そればかりでなく、現代のナショナリズムは、第三期的な問題状況の残存に加えてさらにもう一つの新しい課題をかかえこむことになっている。それは、いわゆるA・Aグループとよばれる第二次大戦後の新興国家群の問題を視野に据えなければならないということである。この要因は、形式的にいえば、すでに指摘された「国家数の増大」という要因の中に含まれているとも考えられるが、それがたんに数の問題でありえないことは、第二次大戦後の国際政治の基本動向を反省するならば、直ちに明らかになるはずである。中国ナショナリズムの登場という事実だけをとっても、現代ナショナリズムの問題がいかに巨大な変容をその内部にはらんでいるかは明らかである。こうして、二十世紀後半におけるナショナリズムの未来を卜することは、いっそう「仮説と暗示」の域を出ることがむずかしくなっている。

三、しかし、問題の複雑さはそればかりではない。前述のシェーファーのいうように、ナショナリズムはたんに政治の領域に限定されるものではなく、人間生活の全領域に関係するとされる。という意味は、人間存在の究極的な意味までが、ナショナリズムの文脈においてとらえられるにいたったということであるが、とすればナショナリズムは、今や人間の一切の活動（宗教も、芸術も、科学も含めて）を解釈する第一原理になったということである（しかし、この点は、私見によればあるいはとくに第二次大戦後の特徴ということはできないかもしれない。ある意味では、それはすでにルソーの段階において予見されていたことがらであり、ただそれが現象的にいっそうはっきりしたというにすぎないだろうからである――後述）。

四、それよりも、もっと端的に現代ナショナリズムの問題の複雑さを示すものは、そのようなナショナリズムの「インフレーション」にもかかわらず、一方ではネーション国家をこえた全人類的機構の発展がめざましいということであろう。国連とその付属機関の組織活動の発展や、西欧連合の結成などに示される超国家的（Supra-National）機構の発達を過去数世紀にわたるナショナリズムの歴史の中でいかにとらえるかという問題が新たに提起されたわけである。

以上、簡単にスケッチしただけでも、現代ナショナリズムの問題がいかに遠大な視野の下で考察されねばならないかが想像されるはずである。恐らく、この問題に対する正しい解答は、或いは現代人の知力によっては、当面与えられないかもしれないのである。

2

ところで、ナショナリズムとは一体何を意味しているのか。――この概念を一義的に定めることは、たんに言語学的な見地からしてもかなり困難である。前に引用したR・I・I・Aのレポートの冒頭には「語の使用についての覚書」という特別の項目が設けられているが、そこには次のように述べられている。

ナショナリズム研究を妨げるもろもろの困難のうち、言語のそれは重要な地位を占めている。イギリス人はネーションという言葉を必ずしも常に同じ意味では使わないし、他方英語においてそれに付与されるさまざまの意味は、フランス語やドイツ語においてこの同じアルファベットの六文字に付帯する意味や、イタリア語のNazione スペイン語の nación に付帯するそれと全く一致するというわけでもない。……さらにこの語に付帯する意味が、歴史を通じてたえず変化していることを想起するならば、混乱はいっそう甚しいものとなる。ネーションの意味がさまざまであるところから、ナショナルとか、ナショナリズムとか、ナチオナリスムスとか、ナショナリストとか、ナショナリティとか、ナチオナリテート等々の派生語の意味もまたさまざまなものになる。……

すべてこうした用語法上の困難ということは、なにもナショナリズム研究者に限らず、一般に外国語を学んだ人々が、たとえばネーションという言葉を自国語へ翻訳しようとするときしばしば経験することがらであろう。日本語の場合でいえば、ネーションを「国家」と訳すか、「民族」「人民」「国民」とするかは、それぞれの場合に応じて、慎重な考慮を必要とする。このような困難をいまイギリスとドイツの場合について例示してみると、言葉の用法においてさえ次のようなちがいが認められるはずである。

ネーションとは人民《ピープル》のことである。イギリスの用語法では事実この二つの言葉は同じものである。デモクラシーの下では、とくに、ネーションは主権の保有者であり、国家《ステート》はその意味を実現するための機関であり、政府《ガバンメント》はネーションによって任命された国家の管理組織《マネージメント》である。英語のナショナルという語は、しばしば全人民に共通するあるものを意味している。たとえば、国語《ナショナル・ランギジ》というふうに。

さらに、英語には国家《ステート》から派生した形容詞がないので、国家《ステート》によって運営されたり、統制されたりする何かを指すためにもナショナルという言葉が使われる。国債とか、国民健康保険とかの例がそれである。現在では国民バターとか、国民パンとさえいう。これは戦時下の公共的利益のために、政府《ガバンメント》によって推奨されたバターやパンの一種を意味している。鉄道をナショナライズするといえば、国家がその所有者となり、これを運営することである。このような用法からすれば、ナショナルという言葉は、容易に〈人民の〉《ポピュラー》もしくは〈民主的な〉《デモクラテイク》という内容をもつことになる。したがって、民主主義の国々では、世論はずっと前からナショナルと自称する海外の運動に好意を寄せる傾向があった。ナショナルという言葉が海外のどこでも、国内と同じ意味をもつわけではないということは、めったに理解されることはなかった。……ドイツでは、ナチオナルという語は、英語よりもはるかに感情的な言葉である。ナチオンという語は、ドイツ人の心の中に、自己の国家《ステート》をもった、強力で高度に文明化された偉大な民族《ピープル》という印象をよびおこす。そしてナチオナルという言葉は、民族的光栄《ナチオナル》、民族的統一、国旗などのような高尚な概念のためにのみ用いられる。国民《ナチオナル》バターなどという名称はドイツ語では考えられもしない。（F. Hertz, *op. cit.*, p. 3）

こうした用語上の喰いちがいは、同じヨーロッパの他の国語の間にもひろく認められる現象である。しかし、それだけではまだ、ナショナリズムの問題の本当の困難さはあらわれていないであろう。問題は一定の実体に対する用語法の伝統の差異にあるのではなく、むしろその実体そのものの性格にかかわっている。そのことをもっとも端的に指摘した一人のドイツ人の言葉がここにある――

ネーションという概念そのものが、……ドイツでは全く縁もゆかりもないものであったといってよいのです。たとえドイツ人自らが、もしくは他の誰かが、ドイツ人を一つのネーションと呼んだとしても、それは間違いと考えてよいのです。彼らの祖国への愛情にナショナリズムという言葉を用いるのも誤っています――それはフランス語の意味になるので誤解を生じます。二つの異なった事物を同じ名称で取扱うべきではないのです。（Thomas Mann, *Gesammelte Werke*, S. Fischer, 1960, Bd. 11,

S. 1126–1148）

これはいささか驚くべき断定である。この言葉はドイツが第二次大戦で破れた直後、亡命中のトマス・マンがアメリカで行った講演の一部であるが、そこでいわれていることは、ドイツ人はたとえ他の何かではありえても、決してネーションではなかったということ、ナチス時代の彼らの熱狂的な愛国的行動もまた、決してナショナリズムとは呼びえないということであった。トマス・マンのこの講演は一種悲痛な自己告白の調子をおびた劇的な演説であり、そこに述べられたドイツ・ナショナリズムの歴史的洞察は、同じく「自由」とは無縁な「ナショナリズム」の伝統をもった日本人にとっても、痛烈な自己反省を喚起するようないくつもの重要な論点を提示している。したがって、後の記述において、再びこの講演の論旨に立ちかえることにしたいが、ここでは、さし当り、ネーション、ないしナショナリズムの意味が、いかにその国民の政治的・文化的伝統によって規定されるかということ、そして、時としては全くことなる内容をもつものが、同じ名でよばれることさえもありうることを示唆しておくにとどめる。そして、その場合には、ネーションもしくはナショナリズムをどう訳すのが適切かというよりも、はるかに困難な問題があることはいうまでもないであろう。

3

用語上の多義性という問題を別として、ナショナリズムの概念規定を試みる必要があるが、そのさい、一義的にその内容を定めるというよりも、まずこの概念が、しばしばそれと混同されやすい別の概念との比較を行うことが便利かもしれない。少なくとも、それが何でないかということを明らかにすることによって、問題の端緒もまたとらえられるだろうからである。そのさい、さし当ってまず問題となるのはパトリオティズムとの異同ということであり、もう一つは、トライバリズム（Tribalism）とのちがいということであろう。

このうち、パトリオティズムというのもかなり多義的な意味を含んでいるが、ナショナリズムに比べるならばずっと限定しやすい概念である。日本語ではそれは「愛国心」とか「祖国愛」という言葉で訳されるのが普通であるが、「愛国」とか「祖国」というと、ナショナリズムとの区別がかなり紛らわしくなるきらいがある。というのはパトリオティズムはもともと「自分の郷土、もしくはその所属する原始的集団への愛情であり……あらゆる種類の人間のうちにひろく知られている感情」（Kedourie, *Nationalism*, p. 74）にすぎないからである。即ち、歴史の時代をとわず、すべての人種・民族に認められる普遍的な感情であって、ナショナリズムのように、一定の歴史的段階においてはじめて登場した新しい理念ではないということである。ミヘルスの『パトリオティスムス』は、この感情の起源について、もっとも精細な研究を行った書物であるが、その中に、パトリオティズムの心情を描いたきわめて印象的な文章が引用されている。

　祖国とは私たちが子供のころに夕暮まで遊びほうけた路地のことであり、石油ランプの光に柔らかに照らし出された食卓のほとりのことであり、植民地渡来の品物を商っていたお隣りの店のショーウインドウのことである。私たちがその実のなるのを待ちわびたくるみの樹の生えた庭にこそ祖国はあった。谷川のとある屈曲、庭の裏手の灰色に古びた木戸、ストーブで焙られているリンゴのかおり、温かい両親の家にただよっていたコーヒーや料理の匂い、町から郊外へ、郊外から町へと野原を通っていた小路、その小路を歩いた思い出、童歌のメロディ、子供のころのある夕暮のざわめき……それらが祖国である。人間にとって祖国とは国家のことではなく、幼年時代のふとした折のなつかしい記憶、希望にみちて未来を思いえがいていたころの思い出のことである。(Michels. *Der Patriotismus*, S. 84-85)

こうした思い出は、いついかなる時代にも人間をとらえてきた強力な感情である。ミヘルスの引用にもあるシャトーブリアンの言葉でいえば、こうした感情は「全く些細なやさしい記憶の姿をとってあらわれ、とるに足りないことがらにまで及んでいる。夜ごとに啼《な》いていた小犬のこと、一日中耳をたのしませてくれたナイチンゲールの歌、庭の樹の向うにそびえていた教会の塔、忠実な召使いの顔つき」などまでがこの感情を育くむ要素とされている。

石川啄木が上野駅の雑沓の中で、おくになまりを聞きわけたときの感情や、「やわらかに柳青める」北上川を思い浮べた折の気持などは、まさしくここにいう郷土愛の情緒であった。またたとえば次のような正岡子規の文章に接するとき、同様な郷愁の念にとらわれない人々はかえって少ないかもしれない。

故郷近くなれば、城の天主閣こそまず目をよろこばす種なれ。低き家、狭き町、淋しき松縄手、丈高き稲の穂、鼻の尖に並びたる連山、おさなき頃より見馴れたる一軒屋、見るもの皆莞爾《かんじ》として我を迎うるがごとくいずれなつかしからぬはなし。まず身よりの内をここかしことおとずれて、久闊の情をのぶれば、年老いたる婆様の笑い声、痩せたる叔父御、肥えたる叔母御、よく居睡りする下女の顔さえ見覚えたるまま少しも変らず……（正岡子規「故郷」、『養痾雑記』所収）

すべてこのような人間の郷土感情のことをミヘルスは「鐘楼のパトリオティスムス」（Glockenturm Patriotismus）と名づけているが、子規の文章でいえば、それは「天守閣」の思い出につながる愛郷心と同じものであった。

しかし、ここでの問題は、こうした原始的な人間の郷土愛は、そのまま国家への愛情や一体感と結びつくものではないということである。「故郷」はそのまま「祖国」へと一体化されるのではない。

郷土感情は、多くの場合、もっとも快よいもっとも詩的な人間感情の花というべきものであることは疑いない。しかしこのような鐘楼のパトリオティスムスは、大規模な様式をともなう国家愛と決して論理的なつながりをもつものではない。生れ故郷への愛は祖国への愛を含むものではない。後者は自分が生れたのでもなく、見たこともなく、したがってまたなんら幼年期の思い出によって結ばれてもいない町や村のすべてを包含するからである。(Michels, *op. cit.*, S. 88)

このような感情は、祖国というより、もっと狭い地域と結びついているのが普通で、ドイツでは「地方的パトリオティスムス」とよばれ、イタリアではもっと感覚的に「田園趣味《カンパニリスモ》」とよばれたりするものである。ハーツはこの種の感情を郷土感情(home feeling)とよび、祖国愛のことを国土感情(national feeling)とよんで区別しているが、その形成過程のちがいについて次のように彼は述べている。

どちらかといえばむしろ狭小なある地域が私たちのパーソナリティ形成に深く関係しているという事実が、その故郷が不毛のうらさびれた土地であろうとも、私たちの愛着を減殺することはないということ、また、肥沃な美しい土地に生れたからといって、人々が必ずしもいっそう愛郷心にとみ、いっそうパトリオティクになるとはかぎらないということの理由を説明してくれる。

たとえば、フォスターの曲で知られる「オールド・ケンタッキー・ホーム」は、黒人たちが奴隷としてこき使われ、リンチに苦しめられたという苦い記憶にもかかわらず、なおその生れ故郷を偲ぶという悲歌であるが、いわばこうした生得ともいうべき感情は、ナショナルなものを含んでいるわけではない。要するにナショナルな感情は「世論の力や、教育や、文学作品や新聞雑誌や、唱歌や、史跡や」を通して教えこまれるのに対し、郷土愛は人間の成長そのものとともに自然に形成されるより根源的な感情なのである。

したがって、郷土感情は、多分に有機的成長という性質がつよいのに対し、国土感情は、より人為《アーティフィシャル》的なものである。(Hertz, *op. cit.*, p. 151)

このような形成過程からも想像されるように、郷土感情の方は人間のパーソナリティの内部に深く潜在しており、何かの折にふれて湧然とよみがえるという場合が多い。ミヘルスの伝えているエピソードであるが、フランス軍に加わっていたスイスの傭兵隊は、しばしば異常な郷愁のパニックにおそわれ、算を乱して脱走、帰郷していったことがあるという。そのため、スイスの民謡のあるものを歌うことは、死刑によって禁止されていたともいう。またかつて日本の軍隊において、真下飛泉の「戦友」を歌うことが禁止されていたことがあるというが、これもそこに反戦・厭戦の哀感が含まれていたからというより、その歌が家郷のイメージをまざまざと喚起することによって、戦闘に必要な忠誠心の集中を解体する恐れがあったからであろう。強い郷土感情は、これらの場合には、むしろ祖国愛・ナショナリズムと矛盾する作用をさえあらわすわけである。

小林秀雄はこうした感情について、「確固たる環境がもたらす確固たる印象の数々が、つもりつもって作りあげた強い思い出」(「故郷を失った文学」)の作用としているが、それはハーツのいう「何ものにもかえがたい多くの思い出によって私たちの心にもっとも慕わしいものとなった土地」への愛着というのと正確に同じものであった。

ところで、ナショナリズムとその種の郷土中心的な感情とはいかなる関係にあるかという問題がのこる。それはその起源もことなり、歴史もことなっている。ある場合には対立する二つの感情でさえある。しかし、この両者の間には、一般に次のような微妙な共棲関係のあることが認められるはずである。

健全なナショナリズムは、地方的なこの愛着心を有効な平衡力として利用する。というのは、この感情は攻撃的・拡張的な性質のナショナリズムではなく、防衛的・集中的なナショナリズムを助長するからである。しかし、他面、この感情は地方分権化への傾向をもち、また文化的要素やある種のタイプの平和主義を強調するために、大国をめざす政治的ナショナリズム運動の立場からは、これらの地方主義的もしくは連邦主義的傾向は疑わしいものとみなされる。事実、国民感情を地方的範囲に限局するならば、ついには広範囲の国家統一は解体するかもしれないのである。(cf. Seligman (ed.), *E. S. S. Nationalism*)

要するに、人間永遠の感情として非歴史的に実在するパトリオティズムは、ナショナリズムという特定の歴史的段階において形成された一定の政治的教義によって時として利用され、時としては排撃されるという関係におかれている。いわゆる郷土教育の必要が説かれるのは、ナショナリズムの画一主義が空洞化をもたらし、その人間論的基礎の再確認が必要とされる時期においてであるが、この場合には、パトリオティズムは、ナショナリズムの社会的機能障害に対する有力な補完作用として利用されている。またたとえば、かつて日本が膨脹主義的な大陸移民を強行した時代に、新たな開拓農村の土着化を有効に推進しようとしていかに日本内地の母村との有機的関連の維持を作為したかという例などは、郷土感情とナショナリズムの接合の典型的な試みであったといえよう。しかしまた、その反面において、郷土的愛着心をたちきることがナショナリズムのために必要である場合には、それはしばしば「地方主義」「郷党根性」として排斥される。たとえば国家目的のための近代産業の育成が労働人口の大幅な移住を必要とするような場合には、しばしば強力的措置をともなう郷土との遮断策がとられるというなどはその例である。

以上に述べたような郷土感情としてのパトリオティズムとならんで、ナショナリズムと区別すべきもう一つの類似概念がトライバリズムである。近代ナショナリズムを新たなタイプのトライバリズムと呼ぶこともしばしば行われるが（たとえば、A・トインビー）、これも本質的には無関係なもののアナロジーにすぎない。ある人間とその属する部族との関係は、伝統的な儀礼や慣習の細かい網目によって結ばれており、その部族の信奉するトーテムやタブーは、全く自然に定められたものとして疑われない。後述のようにルソーのいわゆる一般意志がすべての法を定めるというような発想は全くそこには見られない。要するに部族メンバーの自律的意志という契機は存在しない。人々は生れながらにしてその部族の慣習内に埋没しており、いかなる意味であれ生き方の選択ということは考えられない。しかし、ナショナリズムは、後にのべるようにまさに一定の意志的形態にほかならないのである。

4

用語の問題、類似概念との異同という消極的問題から進んで、ナショナリズムの積極的な意味を明らかにしようとする場合、私たちはやはり近代ナショナリズムの祖型に溯《さかのぼ》る必要がある。といっても、ここでは本書のテーマからして、ヨーロッパ近代のナショナリズム形成史を全般的にたどる必要はないであろう。ただ、何がこのナショナリズムという未知の感情を人類史の中に、しかもその一定の発展段階において発生させたかをその本質的要因にしたがって簡単に指摘するだけで足りるであろう。

その場合ナショナリズムの実践的形態をはじめて展開したのがフランス革命であり、直接にその理念を提示したのがルソーであったという通説にしたがい、ここでもまずルソーの問題から入ることにしよう。「ナショナリズムの理念の発展におけるルソーの思想の重要性はいかに誇張しても誇張しすぎるということはない……ルソーの与えた唯一の理論的土台の上にのみ十九世紀のナショナリズムは築かれることができた」(*An R. I. I. A. Report*, p. 27) からである。

ルソーの近代政治思想の発展における重要性と影響力は、いかに誇張しても足りないほどである。ある意味では彼は、ニーチェが十九世紀後半において占めるのに似た地位を十八世紀後半において占めている。いずれもその時代の文明の批判者であり、それを出発点として、オプティミスティクな同時代人たちの眼には確実な基礎の上に安定した進歩をとげているとみなされた文明全般の問題を論じている。いずれもその関心と著述の多才さにおいて、根本的には道徳的な哲人であり、またどちらかといえば学者タイプというより、芸術家的・予言者的な性格の人物であった。……彼らの思想や作品中の多くの要素はむしろ反対であったにもかかわらず、ルソーは十九世紀のデモクラティックなナショナリズムの基礎をおくのに貢献し、ニーチェは二十世紀のファシスト的なナショナリズムのために同じ役割を果した。
(Hans Kohn, *The Idea of Nationalism*, p. 238)

ここでとくに後者の文章を引用したのは、ルソーがたんにナショナリズムの学説史上最重要な人物であるばかりではなく、彼が一個の予言者的な文明批評の遂行者であったこと、そして、そのナショナリズムの理念そのものも、実はその文明批評の一帰結として形成されたものにほかならないことを示唆したかったからである。いいかえれば、ルソーの発想の源泉となった問題そのものを念頭におくのでなければ、ルソーの問題も、ナショナリズムの問題も適切には考えられないだろうということである。

しかし、ここではルソーのナショナリズム論を一般的に記述することから始める必要もまたないであろう。ルソーにおいて果して何が問題であったかというところから、いきなりその思想の中心部分に入ることにしたい。そのさい、ここでもR・I・Aのレポートが適切な手引となるはずである。

ルソー自身はこれ〔＝ナショナリズム〕をパトリオティスムと呼んでいる。しかし、それは従来とはことなるパトリオティスムであった。それはたんなる地域的な郷土愛《ハイマートリーベ》ではなかった。ルソーの理念は、人々がこれまでなじみぶかい環境や習慣に向けていた感情や忠誠心を、今やより抽象的な実体、即ち政治的共同体に移さねばならないというにあった。そしてその過程において、その感情や忠誠心は拡張され、深化されて、市民の全生活に作用するような、その利害関心やエゴティズムに訴えると同じように、その感情や道徳感覚にも訴えるような、情熱的な確信に転化せねばならないというのであった。（*ibid.*, p. 28）

これは、要するに、それ以前の久しい人類史において、つねに人間をとらえてきたあの郷土への愛着心を、よりいっそう高次元の人間集団――即ち「パトリ（Patrie）」への愛情に高めるということであるが、それだけでは、もちろん、ルソーのナショナリズムの問題的な特性を十分に示すものとはいえないであろう。というのはルソーのナショナリズムは、一面ではそのように狭隘なパトリオティスムを否定しながら、他方において「パトリ」をこえた世界社会＝コスモポリスへの志向をもまたきびしく拒絶していたからである。当時の啓蒙的なヨーロッパの文明社会において、各国の宮廷やサロンを支配していたのはまさにそうしたコスモポリタンな啓蒙思想にほかならなかったのであるが。

かの自称コスモポリタンは、人類を愛するからこそ自分の国をも愛するのだと理由づけているが、それはなんびとをも愛さない特権を享受せんがために、全世界を愛すると広言しているのである。（『社会契約論』）

かのコスモポリットたちを信用するな。彼らは自分の身近で果そうともせぬ義務を書物の中で遠方にまで探しに出かける。自分の隣人を愛することから解除されるために、タタール人を愛する哲学者もいる。（『エミール』）

R・I・Aのレポートは、この前の方の文章を引用して「ここにナショナリズムの本質《エセンス》がある」と述べているが、しかしなぜそれがナショナリズムの秘かな本性を暗示することになるのかを知るためには、もう少し立ち入った考察が必要となるであろう。そして、そのためには、幾分説明の手つづきを省略して、ルソー的なパトリオティスムがその究極の姿をとった場合を想定してみることが早道かもしれない。たとえば、ここにルソーの弟子ロベスピエールの右腕として「恐怖政治の大天使」とよばれた熱烈な愛国者サン・ジュストの言葉がある——

偉大なる犯罪にもまして徳に似たものは存しない……祖国愛の中には何か恐ろしいものが含まれている。それはすべてを公共の利益のために、憐みの心も、恐怖の心も人間愛の心もなしに犠牲とするほどに排他的なものである。……全体のための善を作りだすものは、常に何か恐ろしいものである。

このサン・ジュストの言葉は、公共即ちパトリのため幸福を実現するためには、いかに無慈悲なテロールも正当化されるという思想を明確に表明したものの一つであるが、この恐るべき思想は、実はルソー自身がそれをあからさまに意識していたと否とにかかわらず、やはりそのパトリオティスムの中に含まれていたある狂的な要素の必然的な展開にほかならなかった。カール・シュミットは、ルソーの主権理論、とくにその中核をなす一般意志の分析をとおして、その必然性を以下のように明快に論じていう――

一般意志はルソーの国家哲学の根本概念である。それは主権者の意志であり、国家の一体性を形成するものである。かかる性質をそなえるものとして、それはすべての特殊な個別意志と区別される概念上の特性をもっている。即ち、一般意志においては、存在するものと存在すべきものとはつねに一致しているという特性である。あたかも神が権力と正義とを一身に集中し、その観念からして、その意志するものは常に善であり、また善なるものは常にその現実に意志するものにひとしいとされるように、ルソーにとっては、主権者即ち一般意志は、それが実在するというだけで、すでに実在すべきものと一致しているようなあるものであった。一般意志は常に正しく、過つということはありえない。それは理性そのものであり、あたかも物理的世界において自然法則が支配するのと同じ必然性をもって、理性によって決定されている。それは消滅することなく、変化することなく、純粋そのものである。それに反して、特殊意志もしくは個人意志とよばれる個別意志は、それ自体としてはゼロであり、無である。特殊な行動、特殊な意志、特殊な利害、すべての特殊な関係、すべての特殊な力と特殊な配慮は、それ自体としては、この一般的なるものの一体性と高貴性の前ではナンセンスである。（Carl Schmitt, *Die Diktatur*, dritte Aufl., S. 120）

周知のように、ルソーの問題は「各員の共同の力をもって団体各員の身体・財産を保護するとともに、共同に加入する各員は、その共同にかかわらず、ただ自己に服従し、団体成立以前の自由を享受しうる」（『社会契約論』）ような政治社会の構想であった。そして一般意志は、その解答にほかならなかったが、それは、いいかえれば、個人のエゴイズムと公共心との完全な一体化を象徴する理念であった。しかし、問題はその一般意志と、個別的な個人的利害関心との間に現実の乖離が生じた場合である。

この問題は簡潔な二者択一——即ち個人的なるものが一般的なるものに一致し、その一致の故に価値ありとされるか、それともそれと一致せず、したがってまさにゼロであり、無であり、悪であり、腐敗であり、一般に道徳的もしくは法的な意味において、なんら考慮に値いするような意志ではないとされるか、そのいずれかとして処置されるのである。

ここからネーションの意志、即ち一般意志に背反するものへの強制の正当化まではただの一歩である。

ひとたび堕落した人間は〔＝一般意志に背いて個別意志の奴隷となった人間は〕、国家をとおして、人間にふさわしい状態に復帰せしめらるべきであり、すべての自然的な衝動は抹殺され、たんに自然的なるもののかわりに、道徳的存在が現出せしめらるべしということになる。したがって、もし国民の多数者について、道徳もしくは正義とみるべき正しい意志が、エゴイスティクな感情的意志によって圧倒されているとみなされる場合には、少数者のみが、否むしろ唯一人の人物さえもが、正しい意志をもつということがありうる。

さらに結論をすすめると、徳《ヴエルテユ》を有するもののみが政治的なことがらの決定に参与しうるということになる。政治的な敵は道徳的に腐敗せるものであり、無害な存在に転化せしめねばならない奴隷である。多数者が腐敗に陥っているとすれば、道徳的な少数者は、徳をして、勝利せしめるためにあらゆる強力手段を用いてもよいことになる。彼らの行使するテロールは、決して強迫とよぶべきではなく、自由を見失っているエゴイストをその本然の真の意志に立ち直らせ、彼の中に市民をめざめさせるための手段にほかならない。……実際的な解決法は、自由でない人間どもの殲滅ということに帰着する。その理由づけは、ルソー自身の表明した見解の中にある。即ち、場合によっては、人間をして自由人たらしむべく強制せねばならないという思想がそれである。

これはたしかに恐るべき推論であった。そして、事実ロベスピエールやサン・ジュストは、この帰結をためらいなく実行に移したのである。現代においても、それらの点からして、ルソーはしばしばデモクラットとしてよりも、むしろトタリタリアンとして論じられることが少なくない。たしかにネーションの一般意志は「ルソーの掌中において鋭い両刃の剣にかわった。それはデモクラシーを擁護するかに見えて、リヴァイアサンを武装化するに終った」(E・バーカー)といえるかもしれないのである。

(註) しかし、ルソーのために弁明するとすれば、ルソーを直ちにジャコバン的な熱狂的なナショナリズムと結びつけることには、若干の留保が必要である。R・I・I・Aのレポートもいうように「フランス革命によってひきおこされたナショナリスティクな傾向がどこまで直接にルソーの影響によるものかは、決して答えやすい問題ではない」のであり、もともとモンテスキューやロックの政治理論をよりどころとして出発した革命の初期段階には、ナショナリスティクな要素は少なかったのである。フランス革命が熱狂的なナショナリズムの様相をおびてくるのは、オーストリアやプロシアの侵入という状況の変化によってもたらされた事態であり、ルソーはモンターニュ派のヘゲモニイが確立されてからはじめて大きく浮び上ってきたにすぎない。

それればかりでなく、少なくとも理論的に見るかぎり、ルソーは現代いわれるような巨大なネーションを基礎とするナショナリズムを構想したのでもない。彼はただギリシアのポリスとか、自分の故郷ジュネーヴをモデルとした小規模な政治的共同社会を理想として描き、せいぜいそれらの小さな共同体が、スイスのようなゆるやかな連合体を組織した状態を考えたにすぎない。ハンス・コーンの言葉でいえば、「……ヒロイズムや栄光や富国強兵よりも、清貧を重しとするような絶対的平和国家」（Kohn, *op. cit.*, p. 250）がその理想だったのである。それはあるいは老子のいう「小国寡民」のユートピアに似たものでさえあったかもしれない。

もっともルソーは晩年にいたり、コルシカとポーランドの憲法に関する論文において、初めてネーションをその政治共同体の基礎とする考えを述べているが、ロベスピエールの徒は、それをもって直ちに、危機下のフランス国民の場合に適用したわけである。

これまで見て来たところによって、ルソーのいわゆるパトリオティスム（＝ナショナリズム）が、個人の意志をこえたある普遍的・絶対的な意志への服従を意味していることがわかる。その一般意志はいわば伝統的な神にかわる新たな神という意味をおびていた。そしてその新しい教会に当るものが従来の「キリストの共同体」にかわって、ネーションとよばれるものにほかならなかった。そのさい、前者において、はじめて人間の愛の共同社会が可能とされたように、新たな教義としてのナショナリズムにおいて、はじめて近代人の幸福な共同生活が可能であるとされた。そして、そのような変化をもたらしたものは、教会を含めた中世的共同生活の様々な秩序が崩壊し、人間の善意という唯一のものしか、新たな共同秩序の形成原理として残されていないことに気づいた人間の孤独な意識の目ざめであったということができよう。そこには、いわば近代の病理というべきものへの実に早熟な意識さえあらわれていたのである。

ルソーのより年少の使徒であったサン・ジュストの恐るべき思想はすでに見たが、そのサン・ジュストにも「幸福とは、ヨーロッパにおける新しい観念である」という象徴的な言葉がある。この恐怖政治の大天使もまた、決してただテロールのためのテロールを目ざしたのではなかったことがそこからうかがわれるであろう。端的にいえば、その思想は、人間は幸福たらんとするならば、パトリオットでなければならないというものであった。しかもそれは、あの幼年期の回想と結びついた平和なパトリオティズムではなく、祖国に対する血みどろの献身をさえ要求するものであった。それはいわば無意識のうちにいだかれた幼年期の浄福感から見すてられたのち、ほとんどローマ人的なストイシズムと意志力によって追求されねばならない新たな幸福のイメージであった。

いうまでもなく、このような熱烈な意識は、当時の啓蒙主義的合理主義のオプティミズムとは著しくことなったものであった。後者の冷静で優雅な合理主義と普遍主義の眼から見るならば、それはどこか忌まわしい主意性のあらわれとみられたであろう。事実、ルソーの論敵ダランベールは、ルソーをルッターにたとえているが、それはルソーの理念にひそむ既成文明への野蛮で熱烈な破壊力を指していったものであったろう。

こうした意識が啓蒙主義の時代に生れえたということは、たしかに不思議といってよいかもしれない。E・バーカーの言葉でいえば、ルソーの「社会契約論の哲学は架橋の哲学である。それは自然法からネーション・ステートの理想化への移行の目じるしである」とされるが、そのような意味においても、ルソーは明らかに一つの時代をこえて、次の時代へと歩み入った予言者的思想家であった（その点においても彼はニーチェに類推されうる）。

ヨーロッパの思想史において、ルソーの国家哲学にあらわれた恐るべき「一般意志」の理念を人間精神の問題としてとらえなおし、そのことによって、知識の世界にいっそう恐るべき破壊をひきおこしたもう一人の人物がカントであったことは多言を必要としない。ハイネ風にいえば、ルソーの使徒ロベスピエールは唯一人の国王の首を切ったにとどまるが、カントの哲学は、その認識論によって「神、つまり世界の最高の主人」を虐殺してしまった。こうして世界に残されるものは、個人の自律的な意志だけとなり、宇宙の中心にそのいわゆる「至上命法」が君臨することになった。神はただ自律的意志の「要請」によって、いわば作為された虚構の存在に転落する。

　こうしてカントの思想を源流として、ドイツにもまた人間の意志を中心とする主情的な政治思想が展開するのであるが、その心情の基本的な原型はすでにルソーによって与えられている。それは一言でいえば、神を見失ったのち近代人の幸福はいかにして可能であるか？　という発想であった。そして、その答えは、具体的には絶対にあやまることのない「一般意志」、即ちほとんどホッブズの「リヴァイアサン」に似た強力な権威の創出とそれへの忠誠ということであった。ルソーは、近代人の卑小さをあのばら色の啓蒙期において予見していたのである。

（註）ここで、ルソーのそのような発想がどこから生れたかを具体的に知るために、そのパーソナリティをかえりみておくのが適切であろう。コスモポリタンな合理主義が決し

て生み出すことのできなかったナショナリズムの感情が、こうした個性からのみ生れえたということは、実は後に見る日本ナショナリストの場合についても、示唆するところが少なくないはずだからである。

「〔ルソーは〕母なき浮浪児で、温かみと愛情とにうえ、親しみを夢に求めて、人間の冷たさをあるいは現実に、あるいは観念のうちに味わわされ、つねに挫折感をいだいていたルソーは、自分の求めるものさえ、それが人間性の解放かそれとも破壊によるその教化か、孤独かそれとも人びととの交際かを決しかねた。人間というものは、人間によって善くされるのか、悪くされるのか、幸福にされるのか、ますます不幸にされるのか、考えをまとめかねた。周囲との調和をえられず、自我中心的であった人びとがその精神的苦悩を書きのこしているが、ルソーはそのうちでもっとも代表的な一人であった。一方においては矛盾のかたまりであり、世捨人で無政府主義者であり、自然へかえることを熱望し、たえず夢をえがき、あらゆる社会的因襲に反抗し、感情的で涙もろく、卑屈なほど自意識過剰であり、環境に対してつねに調和を欠いていた。他方ではスパルタとローマをたたえ、規律と集団への個人の没入を説く。この二重人格の秘密は、苦悩する偏執狂にとって、規律主義者が妬ましい夢であるところにひそんでいた。」(J・L・タルモン、市川泰治郎氏訳『フランス革命と左翼全体主義の源流』)

この性格描写は恐らくルソーの伝記を読んだ人々には納得いくものであろう。テーヌのようなルソー嫌いの人物は、ルソーの中に「いらだっている貧しい平民のうらみつらみが見すかされる」ことを容赦なく指摘しているが、ルソーの「二重人格」というのは、そうした女々しい怨恨感情とならんで、カール・シュミットも指摘している「ストイシズム」と非ロマン主義的な古典的理念が存在していることであった。

当然、こうした個性は、ルソーの場合に典型的にあらわれているように、躁鬱症めいた社会的不適応をひきおこすはずである。そして、実は一民族のナショナリズムの昂揚と沈滞の歴史を仔細に眺めるならば、そうした個人にあらわれるのとほとんど同様なサイクルがそこに見出されることに気づかれるはずである。その場合は、あたかも一つの民族精神の内部において、今述べたようなルソー的「二重人格」があらわれていることになるであろう。こうして、近代のナショナリズムもまた、一方では「博愛的なインターナショナリスト」と、他方では「国家的ないし民族的自己主張と戦争との残忍な擁護者」という二つの人格に分裂しているといえるかもしれない(アイザィア・バーリン『歴史の必然性』)。

第一章　日本におけるネーションの探求

1

すべて序章において述べたことがらは、本質的にはまた、近代日本におけるナショナリズムの理念についてもあてはまるはずである。日本の場合にも、あの人間にとって普遍的な郷土愛の伝統は悠久に生きつづけている。しかし、ナショナリズムは、すでに見たように、懐しい山河や第一次集団への本能に似た愛情ではなく、より抽象的な実体、即ち新しい政治的共同体への忠誠と愛着の感情であった。いわばこの二つの感情、意識の間には、あたかも経済学上の「離陸《テイク・オフ》」に似たもの、宗教的な啓示に似た断絶が必要であったといえるかもしれない。日本人もまた、ある古い愛着の世界を離脱することによって、ナショナリズムという謎にみちた新しい幻想にとらわれることになったのである。

普通、日本人の前に、ネーションという未知の思想が浮び上ってきたのは、十九世紀の半ばごろ、いわゆる「西欧の衝激」（Western Impact）がきっかけであったとされている。具体的には一八五三年、ペルリ艦隊の来航がそれである。そこにひきおこされた軍事的・政治的ショックがあたかも仙境にあるもののようにまどろんでいた日本人の心に、はじめて「日本国民」「日本国家」の意識をよびおこしたというのである。

この見解は、概括的に見るかぎり、ほとんど疑問の余地はないであろう。世界史的にいっても、十九世紀後半における先進資本主義国のアジア進出が、それぞれの地域的な偏差をともないながらも究極的に各地域におけるナショナリズムの機因となったことは、一般に認められた事実である。自由貿易は「もろもろの古い国民性を解消し、ブルジョアジーとプロレタリアートの対抗を極端にまで押し進める。一言でいえば、通商自由の制度は社会革命を促進する」と述べたのはマルクスであったが、そのような意味において、古い国民性の破壊の後に、ナショナリズムという新たな生活様式と政治意識とがもたらされたわけである。「〔自由主義的〕市場、それはナショナリズムの学校である」（スターリン）といわれる所以もそこにあった。竹越与三郎の以下のような文章は、その間の事情をきわめて印象的に述べたものの一つであろう。

挙国震驚、人心擾々の中より、まず霞のごとく、雲のごとく、幻然として現出せるものは「日本国家」なる理想なりき。幾百年間英雄の割拠、二百年間の封建制度は、日本を分割して、幾百の小国たらしめ、小国をして互いに藩屛関所を据えて、相猜疑し、相敵視せしめたれば、日本人思の脳中、藩の思想は鉄石のごとくに堅けれども、日本国民なる思想は微塵ほども存せず。これがために日本全体の利益を取って、一藩の犠牲とせんとする者少からざりき。士人識者にしてすでに此の如くなれば、商賈《しょうこ》農夫に至っては、殆ど郡の思想あるにすぎず、概していえば、愛国心なるものは、殆ど芥子粒ともいうべく、形容すべからざる微小なるものにてありき。然れども米艦一朝浦賀に入るや、驚嘆恐懼のあまり、船を同うして風に逢えば胡越も兄弟たりというがごとく、夷敵に対する敵愾の情のためには、列藩の間に存する猜疑、敵視の念は融然としてかき消すがごとくに滅し、三百の列藩は兄弟なり、幾百千万の人民は一国民なるを発見し、日本国家なる思想ここに油然として湧き出でたり。（竹越与三郎『新日本史』上）

今から見るならば、そのいわゆる「霞のごとく、雲のごとく、幻然として」湧出した「日本国家なる理想」という表現など、いささかナイーヴな修辞的美文にすぎないと思われるかもしれない。しかし、ここには維新後凡そ二十余年を経た時期における一人の歴史家の実感と見識がこめられていたことも疑いえないであろう。竹越三叉のこの認識の基礎にあったものは「迂腐空疎の徒、三千年の歴史を喋々すといえども、日本が一の国民として恥ずかしからぬ成立を確かめたるは、維新の大革命に存する也」(「七板新日本史に題す」)という歴史家の見識であった。即ちいわゆる「復古史観」を否定し、維新によってはじめてネーションの歴史が始まるという進歩主義の明るい展望をのべたものであった。かつての徳富蘇峰もそのような確信にもとづいてほぼ同じことを、次のように述べている。

実以て今般の一件、皇国開闢以来の汚辱これにすぎず、苟《いやしく》も有志の士、扼腕切歯せざる者はこれあるまじく存ぜられ候。(略)

右はかの尊攘主義の有志中、もっとも純心と熱心とを以て世に知られたる、わが東肥の宮部鼎蔵氏が、米艦浦賀に闖入したるの報を聞き、ある人に寄せたる書中の一節なり。これを以てこの事件は、いかなる感覚を諸藩の有志家の脳裡に発揮したるかを知るに足らん。看よかの皇国二字を、この二字こそ以て渠輩が脳裡に日本国なる思想の始めて浮み出たるを証するものにあらずや。すでに日本国なる思想のわが各藩の有志家に生ず、またなんぞ封建社会の顛倒をこれ怪まんや、吾人は固《まこと》に云う。封建社会はこの時に顛倒したりと。(『新日本之青年』)

すべてこれらの記述によれば、あたかもペルリの率いた四隻の黒船が、まるで魔法の杖のひとふりのように、「幻然」として日本のナショナリズムをよびおこしたかのような印象を与える。こと、なんぞ容易なるという感がしないでもないが、この二人の歴史家の直覚の中に、いかにも開国期日本の抱負にふさわしい楽観があらわれていたとしても、それは決して深く咎めらるべきではないであろう。彼らはなおナショナリズムの思想に洋々たる期待をよせることのできた時代の人々であり、黒船の衝激が日本の中によびおこしたものが、果して真のネーションの名に値いするものか否かを疑うほどに懐疑的ではなかった。彼らはただ、封建が終り、新しい生活意識と政治意識の誕生を目撃したものとして、その実感を率直に語るだけでよかったのである。

しかし、にもかかわらず、やはりそれが果して真のネーションの意識とよびうるものであったかどうかは、吟味を必要とするはずである。黒船はたしかに日本の全封建支配者層に対する巨大なショックであった。そこから、「皇国」「神州」などという超藩的意識が生じたことはたしかであり、全国的規模での国防体制の創出が白熱した論議をまきおこしたことも事実である。しかし、もしその「皇国」「神州」等々のシンボルが、たんに超藩的な統合を目ざしたというだけならば、それはただ封建支配の全国的な再編成をめざした新しい政策論にすぎないかもしれない。それだけでは、未だ本来のネーションの登場する余地は認められないはずである。

たしかに、藩国の意識をこえるということは、近世日本の思想史上において未曾有の事態であった。「士人はじめて相見ればまずその藩名を問い、しかる後に語る。あたかも外国人に逢いたるに似たり。故に幕士にして皇室あるを知らず、藩士にして幕府あるを知らざりしもの少からずとせざるなり」(渡辺修次郎「民情如何」)といわれたほど、日本総人口の「実質的部分」をなす封建家臣団の意識は偏局的なものであった。したがって、藩国を超えた「日本国」の意識が突如として彼らの脳裡に浮び上ったとすれば、それはたしかに驚異的な事件にほかならなかった。しかし、それだけではまだネーションの意識とはかかわりは少ない。要するにそれは、僅々四〇万戸の封建家臣団の心中に浮んできた全封建支配層の運命共同の意識にすぎなかったかもしれないからである。

しかしここでは問題をもっと具体的に考えるために、やはりはじめにいわゆる黒船のひきおこした衝激とそれへの反応形態とを、その時代の主要な社会的諸階層について、それぞれ吟味しておくことが必要であろう。そのさい主要階層というのは、まず封建諸侯とその家臣団、次には豪農・豪商の名でよばれる当時の中間層、そしてさいごに一般民衆——とくに封建社会を実質的に支えていた農民層の三つとしてとらえてよいはずである。これらの諸階層は、それぞれ政治支配の機構において地位をことにし、経済的利害を別にしていたことはいうまでもないが、それに応じて、一定の外部的衝激に対する反応をことにし、その解釈もまた同じではなかった。たとえば、夷狄の国に対する「皇国」「神国」という組織シンボルのうけとり方においても、のちに見るようにやはり微妙な差異をあらわしており、それら相互の流動・浸透によって、幕末の思想と運動をいっそう複雑なものとしている。本章でいう「ネーションの探求」というのは、そのような運動構造の全体について形容されたものにほかならない。

一般に封建的支配者層が形成期のナショナリズムに対して敵意をもつか、冷淡であることは、歴史的にも、理論的にも明らかな事実とされている。彼らは中世に由来する土地支配とそれにともなう特権の上にその生活を支えており、また中央集権への伝統的なアパシイの持主であることによってナショナリズムに反対であるばかりでなく、カスト的身分制によって自らの地位を一般民衆から区別しているために、出生による差別の否定を要求するナショナルな平準化には容易に応じえないからである。

この点、幕藩体制下の日本の封建領主層も全く例外ではなかった。彼らが外国人に対して、また外国の影響が日本社会にひきおこすであろう変化の予測に対して、いかなる反応を示したかを見るならば、そのことは明白となるはずである。

ここで、そのような日本貴族層の意識を代表する人物として、水戸藩主徳川斉昭を第一にとりあげることは恐らく不当ではないであろう。嘉永から安政にかけての政治的激動の一中心が斉昭であったこと、幕末における特異な「ナショナリズム」の理論体系が水戸学であり、斉昭はいわばその政治面におけるもっとも代表的なスポークスマンであったことなどからして、まずその思想の吟味から始めることにしたい。

ペルリ来航に直接関係させて斉昭の思想を見るためには、同年幕府に提出された

「海防愚存」という有名な意見書があるが、これは内容的に必ずしもすっきりしたものではなく、むしろ現実の局面にぶつかって混乱・周章した気味がつよいものであり、ここではむしろそれよりも十五年早いもう一つの建白書――天保九年提出の著名な「戊戌封事」をとりあげるのが適当であろう。というのは、この凡そ一万六千字に達する長大な意見書は、当時もっとも識見にとみ、また政治的リーダーシップもゆたかであるとみなされた一封建貴族の知識と思想とを整然と示しているばかりでなく、いわゆる「尊王攘夷」的な「ナショナリズム」の性格をもよくあらわしているからである。

周知のようにこの封事は、天保七、八年とひきつづいた各種の騒乱――上州、甲州、佐渡の農民一揆、大塩平八郎の反乱などに表面化した封建支配の危機的様相に触発されて内政改革の必要を訴えるとともに、文化・文政いらい、ふたたび活発となった外国船の来航に刺激されて「外患」にそなえる心構えを述べたものであった。その対外的危機意識は、以下のような陳述を以て始められている――

外患とは海外の夷賊日本をねらい候患《わずら》いにござ候、甲府・大坂等にて徒党を企て乱妨仕り候てさえ、人々苦労にも仕らず、なおさら数万里の夷狄より日本をねらい候儀を苦労に致し候えば、狂人のようにあざけり候儀、当時の世風にござ候えども、よくよく深思熟慮仕り候えば、この外患ほど油断ならざるはこれなく、（略）世界の地図など熟覧仕り候ところ、日本は小国にて一つの島同様に候えども、米穀金銀をはじめ富有の国に候間、海外の国より日本の富有を羨しく存じ候儀、勿論にござ候、五世界のうち、横文字を用い候国はみな邪宗門の国にて、おいおいその宗旨をひろめ、今は日本と清国・朝鮮・琉球などのみにて、その他は残らず御制禁の切支丹宗門とまかりなりて候、清国は何申すも大国、夷狄も容易に手を出し申さず、朝鮮・琉球は貧国弱国の儀に候間、目にもかけ申すまじく候えども、第一に日本をねらい、次に諸国を切りしたがえ〔ん〕手段にござ候わん故、実に憂うべく、悪〔む〕《にく》べきことにござ候、よって幼年より見聞の趣大略、なおまた愚意の趣を左に申上げ奉り候。（『水戸藩史料』）

以下、斉昭の述べるところは、何よりもまずキリスト教の政治謀略的性格に対する強い疑念を表明することに始まり、西洋は交易を求めるという口実を用いているが、その商船・鯨船は「直ちに軍船とあいなり候間」決して油断はならない、「大船見かけしだい二念なく打払」うべしとか、オランダを窓口とする海外情報の聴取も今では「日本の薬にも毒にも相成ら」ないムダごとであるから「オランダの儀は以来おさしとめ」(貿易の停止)になるがよろしいとか、近来となっては西欧の科学も「工夫にすぎかえって実用を失い、とるべきほどのことも相見えず候えば、蘭学の儀は御制禁に遊ばされ候方、しかるべし」とか、むしろ鎖国政策の二乗化を要求するような提案を次々と述べている。その全体をつらぬくものは、日本国の優越性への不動の信念と、他方では、外国の宗教と科学、とくにその政略に対する首尾一貫した猜疑心ないし蔑視観であったといえよう。たとえば——

東照宮いらい、外国をお差しとめ、これまで二百年の間、オランダのほか異国にては日本をへんくつなる国などと嘲けり候と見え候えども、それ故今日まで邪宗門の患いこれなく候を、なまじいに異狄へ義理だて致す人は、追々かれが術中におちいり申し候、一体異人は利欲の心ふかく、恥をも忍び、悪をもかくし、その欲心をとげ候儀をもっぱらと致し、たとえば狗猫など人にたたかれても、あるいは尾を振

り、人に乞い、人目を忍び、折を見合い食物などぬすみ食わんと存じ候とひとし、云々

要するに斉昭の眼目は、そうした狡猾な夷狄の邪心ある動機を徹底的に暴露し、排外主義を容赦なく実行することによって「神国の人は夷狄を悪み、夷人は神国を悪み候よう御仕向け然るべしと存じ奉り候」というものであった。

ここにあらわれているような「神国」思想と西欧観がそのまま一般に後期水戸学によって理論化された認識を継承していることはいうまでもあるまい。「戊戌封事」の十数年前に書かれた会沢正志斎の有名な『新論』（文政八年＝一八二五）の世界認識と、その排外主義の理論的カテゴリイとが、この封事にほぼ直写的に反映していることは容易に気づくことができる。たとえば斉昭のいう「神国の人は夷狄を悪み、夷人は神国を悪み候よう御仕向け」たしという語などは、そのまま「民をして戎狄を賤しむこと犬羊のごとく、これを醜《にく》むこと豺狼のごとくならしむ」べしという『新論』の発想に通じているし、鯨船は「直ちに軍船とあいなり候」云々という斉昭の疑惑もまた「則ちいずくんぞ今日の漁船商船、果して異日の戦艦たらざるを知らんや」という会

沢のそれを明らかに承けている。またたとえば『新論』にいう「〔西洋諸国は〕人の国家を傾けんと欲せば則ち必ずまず通商によりてその虚実を窺い、乗ずべきを見れば則ち兵をあげてこれを襲う。不可なれば則ち夷教を唱え、以て民心を煽惑す」という基本的認識は、斉昭のいう「夷人どもこれまで追々諸国を奪い候術は種々御座候わんが、まず強き国々へ交易を以て交を求め、だんだんに宗門ひろめ候うえにて、その上国を奪い、弱き国をば大筒打ちたて、兵威にて人をおびやかし候ことに候、云々」のそれと符節を合わせている。

すべてこのような情勢認識の特徴は、一般に後期水戸学の理論体系に共通のものであるが、ほぼ同じような思想的立場から、『新論』よりももっと激越な排外主義を主張しているのが昌平黌に学んだ朱子学者大橋訥庵の「闢邪小言」(嘉永五年＝一八五二、稿)その他の論策であろう。これもまた『新論』と同様、幕末尊攘派の志士たちによってひろく読まれたものであるが、その論旨はほとんどマニアックなほどの西洋排撃であり、その軽蔑である。その筆端の激しさと執拗さは、後年天皇機関説問題(昭和十年)のころに登場したファナティックな外来思想排撃論者のそれを思わせるほどであった。

まずよく子細に思いて見よ、かの西洋の戎狄は、主とするところ利のみにありて、貪婪《どんらん》の心あくことなく、常に人の国をきゆして簒奪せんとするものならずや、されば、人の国の衰弱なるをば、兵力を以て呑噬《どんぜい》して、直ちに己れに利すれども、その国勢の強くして、手を下すこと難きを見れば、あえてにわかに争わず、邪教を以て浸潤し、まずその人心を蠱惑して、稍々に己れに帰せしめ、暗に国脈を弱まして、乗ずべきの機会を待つは、その妖魅に巧みなること、老狐というとも及ぶべからず。
(『大橋訥庵先生全集』上巻)

このように、西欧諸国の行動体系を動機の次元において理解しようとするとき、つねにそれを利慾の動機としてとらえようとするのは、この時代の攘夷論の通念でもあった。

元来、華夷の分界は義利の両字にあることにて(略)かの西洋の者どもは義を失うを恥とせず、ただ利慾をのみ謀る故、万事も便利を宗としてその道に敏捷なるは、戎狄なればさもありなん、わが中国の士大夫は、便利不便利に目を属せず、ただ義不義をこそ論ずべきに、却って戎狄を羨みて、競うて便利に赴きつつ、なお義を失わじと欲するは、たとえば放飯流歠《りゅうせつ》して、礼を守らんとするがごとし、いかで得らるることならんや。（同右）

訥庵はそのような立場から、凡そ彼の知りえた西欧学術に関する知識のすべてを動員して、その原理を批判するとともに、とくに口をきわめてその当時における「西洋びいき」の流行風俗を嘲笑している。彼によれば「西洋に妖教あるは、和漢に聖学のあるがごとく、万事の根紐とせざるはなし、されば西洋に出たることは、総じて凡百の技芸までも、畢竟《ひつきよう》妖教の枝葉のみ」とされ、その「妖教」は即ち人心を惑わせてその国を奪うための手段にほかならないと見られていた。しかも当時の士人のうち、「ひとたび洋学に入りたる者は、必ず西洋びいきになりて、たえて国体の異なる所以を弁ぜず、なにもかも西洋のごとくにせざれば是ならぬことと思えるさまなり。故に内外の医法も西洋に如《し》くものなしと言い、平生の器物も西洋に擬したるを貴びて、常に舟車の製はかくあるべし、宮室の便はかくすべし、飲食の法はかかるが善きなど唱うる類、一として西洋の説にあらざるなし（略）その平日の言論上にも、泰西西洋などとはよべども、決して夷狄をもてよぶことなきは、いつか彼れをもわが対耦《ついぐう》の国と思いて、仇視すべきことを忘れしなり」という傾向があらわれていた。訥庵の憤懣はそのような風俗の一つ一つに対して激発している。たとえば練銃のときなど「西洋の服を用いて佩刀を捨るものあり……蛮語を用いて指麾するもの多し」「某の藩の医師は胡床に腰かけて、匕《さじ》もて饔飧《ようそん》を喫する由」「往年余が邂逅せし洋学者、蓮房に竅《あな》ある所以を究むるとて、三年の間寝食を忘れ、木葉の石に化するを知らんとて、某の温泉に遊浴し、一週歳を経たりなど、したり顔に言いつることあり」「凡そ医と称するもの、人の死屍を刳剔《こてき》せざれば恥とし思うがごとくなりて、我も我もと相競う」ような「不仁」のふるまいなど、すべてその憤慨、慢罵の種ならざるはなかった。またたとえば漂流した夫のもとをはるばる訪ねて来た外国の女性が「稠人広坐の中において、夫婦相擁して呂したること」など、「禽獣の白昼に尾するものと全然ことなることなきにあらずや」として罵倒される。要するに訥庵の眼には、西洋人は「ただに戎狄のみにはあらで、直ちに豺狼なるぞ」とまでみなされ、「神州の民は人の人にて、戎狄の民は人の禽獣ともいいつべし」とされたのである。

すべて、このような斉昭、正志斎、訥庵らの夷狄排撃論は、後に見るように国内的には攘夷の目的を達成するために一定の政治改革を志向したものでもあったが、そのさい共通にあらわれている特色は、そのいわゆる「神州の民」そのものに対するかなり露骨な猜疑心であった。彼らのイデオロギー論において、夷狄の狡猾さに対する警戒心と、一般民衆の油断ならなさに対する疑惑とがちょうど表裏一体をなしているのは特徴的である。

たとえば斉昭は、「国主はじめ、百姓の辛苦にて命を保ち候こと故……何分膏血をしぼり申さざるよう致したきこと」と愛民主義を唱えながらも、「百姓は愚かなるものに候えば、一度姑息の仁を施し候えば、恩恵に泥《なず》み、後には害に相成るも有之」という警戒心を忘れてはいなかったし、とくに西洋邪教がもっとも入りやすいのは一般民衆にあるという判断はことあるごとに強調されている。これもまた、実は『新論』の所説をひきついだもので、会沢は「それ天下の民、蠢愚《しゅんぐ》甚だ衆《おお》くして、而して君士甚だ鮮《すくな》し、蠢愚の心ひとたび傾かば、則ち天下もとより治むべからず」となし、「妖教、詭術」によって民衆の心が彼に移ることをもっとも恐るべしとしている。すべてこれらの民衆不信＝愚民観は、彼らのイデオロギーが伝統的な封建教学の枠をこえるものでなかったこと、そのいわゆる「神州」擁護の思想もまた、旧来の封建秩序の維持を眼目とするものにすぎなかったことを示している。これを同じ国家防衛論とはいえ、たとえばフランス革命期におけるバレールの国民へのアピールなどと比べるならば、その差異はあまりにも明らかであろう。

……すべてのフランス人民は、男も女も老も若きも、祖国によって自由を防衛するよう呼びかけられている。あらゆる精神的・肉体的能力、あらゆる政治的・産業的才能は祖国に属する。すべての金属や物質は祖国に捧げられる。すべての人物をして今や準備されつつある国民的な軍事行動に、参加せしめよ。若者は戦え、妻子あるものは兵器を作り、行李と砲を輸送し、必需品を生産せよ、女たちは兵士の服を縫い、テントを作り、傷病兵の看護に当れ、子供たちはリンネルから繃帯材料を作れ……(Hayes, *The Historical Evolution of Modern Nationalism*, 1931, pp. 53-54)

ここに示されたような挙国体制へのよびかけは尊王攘夷論の中にはほとんど認めることができない。せいぜいそれは幕閣と封建領主たち、ならびにその家臣団への呼びかけというにとどまり、一般民衆に対しては、むしろ予想される戦闘地域からの排除が考えられていたのである。

こうして、伝統的な封建体制を維持したまま、しかも「日本の土地人民一寸一人たりとも異国へとられ候ては、日本の恥辱」（斉昭）とした心意の本質は、どこまでも土地、人民を封建的領主権の対象として考えるメンタリティにほかならなかった。この心性が前提となる限り、かりに藩的限界を超えた日本国の意識が生れたとしても、そこから生れうる挙国体制は、あたかもペルリ来航当時幕府の執政阿部正弘の構想したように、せいぜい封建諸侯の発言権を相対的に増大せしめ、彼らの軍事力強化への制限をゆるめるという形のものでしかなかったであろう。水戸学を中心とする攘夷思想の中からは、それ以上のヴィジョンが生れてくる可能性はなかった。たかだか海防の必要のために西洋の軍事技術採用もやむなしという実際的な姿勢への推移が期待されただけである。しかも、訥庵のようにより精神主義的な封建教学の立場からは、そうした水戸学の現実主義的態度さえ許しがたい裏切りとして痛撃されたのである。

……然るに老公出でたまいしより、上官の令するところ、かえって洋学の気燄を助けて滋蔓せしむることのみ多きは果してこれ何事ぞや……前日の確言正議は全く虚妄に成果てて、斧鉞《ふえつ》を恐れざる端人義士、董狐《とうこ》が筆を提げて公を特操なしと言い、誤国の罪を帰せんとするとも、公その分疏を得たまうべからず、云々（「鄰疝臆議」）

2

しかしこのような水戸学的排外主義のポレミークは、その内部に超ええない思想的限界を含んではいたものの、一定の意味でまた歴史を推進し、新しい人間意識を開発する契機を秘めていた。というのは、何よりも水戸学イデオロギーは、訥庵などの朱子学的硬直性とはことなり、すでに伝統的儒教思想からは幾分離脱した傾向をはらんでいたからである。そのことをもっともよく示すものは、藤田東湖の「弘道館記」にいう「学問、事業その効を殊にせず」という有名な一節であろう。それは水戸学のもつ熱烈な「経世実用」への関心と結びついて、伝統的教学の陥りやすい訓詁学的・形而上学的・道学的な静態主義への批判としてあらわれ、凡そ経世のために有効なるものは、たとえ名分論的見地からは排斥さるべきものをも、必要に応じてはあえて拒まないという実践的な折衷主義としてあらわれる。その意味では「水戸学はもはや朱子学とか陽明学、あるいは仁斎学（古義学）とか徂徠学（古文辞学）のような経学上の一つの学派と同一次元で取り扱うことができない。それはむしろ実践的な政治的立場を同じくする一つの集団といった方がよい」（植手通有「明治啓蒙思想の形成」）とさえ考えられるのである。水戸学がその限界性にもかかわらず、その影響下から多数のより広大な視野をいだいた実践的思想家を次々と輩出したのは主としてそのためである。事実、次に述べる吉田松陰をはじめ、真木保臣、平野国臣、梅田雲浜、横井小楠、橋本左内らは、いずれも水戸学に影響をうけ、もしくはそれに接近した人々であるが、その思想は決してたんに水戸学のカテゴリイによって押さえきれるものではなかった。

なお、水戸学における尊皇論が、決して幕府否定の意味を含んでいなかったことは、すでにひろく知られていることだから改めて説かない。要するにそれは外夷に対して「神州」全土を防衛するために、従来の内乱防止のための兵制を改革し、全国的な「国防国家」を創出することを要求したものであり、そのための第一着手として、従来幕府のみが強く、諸大名は弱体であるという「本強末弱」の体制を改め、在地の兵力を強化することを主張したものであった。その限りで、それは幕藩軍事体制に対する一定の大改革を意味しているが、そのさい、幕府と封建制そのものの否定は考慮されることはなかったのである。ただ、こうした兵制改革の提唱は、幕府と諸大名との現実政治的な対立が表面化するにつれ、しだいに会沢の意図をこえて、急進的な討幕運動へと転化したものにほかならない。

以下、私たちは、水戸学の影響範囲から出ながら、ある新しい人間観と忠誠論の立場に到達し、そのことによって、日本人のネーションの意識に、かなり深刻な影響を与えることになったと思われる一人の武士的知識人の場合をとらえ、問題をやや別の角度から追及することにしたい。松陰吉田寅次郎がその人物である。

松陰が水戸を訪れ、初めて会沢正志をはじめ水戸学の長老たちに面会したのは嘉永四年（一八五一）、その二十一歳のときである。この水戸行が松陰に及ぼした影響の大体については、徳富蘇峰が次のように記している。

……彼は水戸において、最も得たる所あるが如し、彼の尊王の大義、国体の観念、護国の精神は、自らその素地あり、必ずしも水戸派の学問を待って而してのちこれを知るにあらず。しかも王覇の弁、華夷の説、神州の神州たる所以、二百年らい水戸人士のこれを講ずる精且つ詳、彼水戸学の宿儒会沢、豊田の諸氏に接し、その談論を聞き喟然《きぜん》として嘆じて曰く、身皇国に生れ、皇国の皇国たる所以を知らず、何を以て天地の間に立たんと。かつて彼の東北日記の原稿を見るに、その表紙の裏面に、細字を以て『六国史』と乱抹せるものあり、これ彼が水戸に来りて、自己の邦典に明かならざるを愧《は》じ、発憤以てこれを誌せるなり。帰来急に『六国史』を取ってこれを読み、……慨然として曰く、われ今にして皇国の皇国たる所以を知れりと。
(『吉田松陰』)

このころ、松陰の思想状態を一言にしていえば、シュトルム・ウント・ドランクという形容がぴったりあてはまるような印象がある。松陰の人柄と思想は、たんに日本におけるナショナリズム形成史の一環という以上に魅力にとみ、感動的な経歴にみたされているが、ここでは、主としてその思想形成の過程において、松陰が一般に人間について、その忠誠心の歴史的形成について、どのような知見を開発していったか、そしてそれは、本稿のテーマにいかに関連するかという視角から問題を考察することにしたい。

嘉永四年、彼がはじめて主君毛利慶親に従って上京したころ、その脳裡に灼熱していた思想的模索は、何よりも以下のような文面にまざまざとあらわれている。

是まで学問とて何一つでき候ことこれなく、わずかに字を識り候までにござ候、それ故方寸錯乱如何ぞや。

まず歴史は一つも知り申さず、此以て大家の説を聞き候ところ、本史を読まざればならず、通鑑や綱目ぐらいにては埒ヌケ申さざる由、二十一史また浩瀚なるかな、頃日《このごろ》トボトボ史記より始め申し候。（略）

漢唐より明清まで文集幾許《いくばく》ぞや、皆々全集も見るべからず候えども、名家の分、文粋《もんずい》文鈔ものなどの中に就て尤《ゆう》なるもの全集を窺うべし。

輿地学も一骨折れ申すべし
砲術学も一骨折れ申すべし
西洋兵書類も一骨折れ申すべし
本朝武器制も一骨折れ申すべし
文章も一骨折れ申すべし

諸大名譜牒も一骨折れ申すべし
算術も一骨折れ申すべし
七書致二集訟一候間折訟は片言にては行不申候、これも一骨折れ申すべし

武道の書も説くところ異同あれども一部ならず、士道要論、武士訓・武道初心集ようやくこの三部を見る、この外何ぞ限あらん、これも一骨折れ申すべく、右思い出し次第に記しみ候えども、何一つ手につきおり候ことは一もこれなく、今から思いたち申すべく候えども、なんと定め、諸事は棄てやり申すべきこととこれなく候、且つ人経学あることを知りて兵学あることを知らず、中谷、椋梨ら逢い候ごとに経学をすすめ、別れにのぞんでことに叮嚀の意を致し候ところ、矩方《のりかた》も兵学をば大概に致しおき、全力を経学に注ぎ候わば、一手段これあるべく候えども、兵学は誠に大事業にて、経学の比にあらず、かつ代々相伝の業を恢興することを図らずして、顧みて他に求むる段、なんとも口惜しき次第申さん方もなし、方寸錯乱如何ぞや。

このかなりよく知られた書簡（兄杉梅太郎宛、嘉永四年八月十七日）を引用したのは、あたかもペルリ来航直前における一人の青年知識人の脳中にうずまいていた傾向がど

んなところにあったかを想像してみたいからである。ここには、西南日本の一隅に生れた一人の聡明で熱情的な日本青年が、あたかも国内的には封建社会体制の動揺の激化と、国際的にはアジア全域にわたる西欧勢力の軍事的浸透という状況に焦慮しながら、自己一身の思想をいかにして確立するかを心身を苦しめているありさまが歴然とあらわれている。「方寸錯乱如何ぞや」というリフレーンの中には、松陰その人の率直さと、そのパセティクな感情とがみごとに結晶している。

すでにそれまでに、松陰は、主として山鹿流の兵学を修め、兵学師範吉田家をついで一個独立の兵学師範となっていた。その学識と人柄から推して、もし彼が「兵学の伝統の上に学者としての道を歩めば、封建社会は彼を遇するにいよいよ厚きものがあったに違いない。」(奈良本辰也『吉田松陰』)

しかし、松陰の学問というより、そのパーソナリティの中には、ほとんど資質的に封建的分国制の秩序には収まりきらないところがあった。そのことについては後でまた述べるが、たとえば彼が少年時に書いた「海国兵談跋」の中で「余、子平の人となりをこのみ、云々」と述べたような素質はその生得のものであった。その兵学思想においても、すでに嘉永二年の上書「水陸戦略」にも見られるように、和兵、洋兵の流派的対立を排斥し「武備は国の大事なれば、そのことを議論仕り候中、少しも偏党の心を挟み候ては相成らざる儀と存じ奉り候こと」とし、その真意においては、むしろ「甲越の古法に泥」むことへの批判があらわれている。

しかし嘉永三年、二十歳の時の平戸・長崎遊学は、彼のそうした傾向をいっそう促進する最初のきっかけであったと思われる。彼はその期間に、自己の専修する兵学とその隣接領域の広大なひろがりについて、かなりゆたかな視野をひらかれていた。たとえば、その「西遊日記」十月朔日の記事を見ると、彼は必読文献として実に以下のようなおびただしい書目をあげている。

西洋人日本紀事（ケンプェル、高橋景保訳）、和蘭紀略（渋川氏稿本）、北陸杞憂、西海記事、アンゲリア人性情志、丙戌異聞（高橋景保訳）、ベレアリアンセ戦記、泰西録話、西洋諸夷略表、慎機論（渡辺崋山）、極論時事封事、蒸気船略説、鴉片始末、防海策、松本斗機蔵上書、中島清司の愚見上書、海防五策、和蘭国王書翰、魯西亜国王書翰、魯西亜使節に諭す書、魯西亜使節に授くる信牌、魯西亜属国イルクック酋長書、魯西亜国甲比丹に諭す書、ｅｔｃ。

こうして、松陰の視野は、あたかも日本の窓にあたる平戸・長崎遊学をとおして、ひろく世界情勢に向ってひらかれ始めていたことがわかる。とくにその家学たる兵学は、本来その性格上いかなるイデオロギー的拘束をも許さないはずのものであった。兵学は戦勝を達成するための極限的な合理性を追求する学問であることによって、一般に他の学問よりも早く伝統的イデオロギーから解放されやすいという側面をもつ。一般に後進国の近代化途上において、軍が指導的役割を果すことが少なくないといわれるのもそのことに関連することであろう。ともかく松陰が長崎留学ののち、藩に宛てて提出した意見書の中に「兵学砲術の儀は一己の小武芸と違い、とかく門戸の別れ候ようにては御為よろしからずと存じ奉り候こと」として、兵学の諸派を統一することを述べたものがあるが、これもまた、松陰の新たに抱懐した兵学のヴィジョンを暗示したものであろう。彼にとって、兵学はもはやたんに封建諸侯の教学に奉仕する学問ではなく、全く新たな兵器体系と戦術をそなえた外夷に対抗しうる「現実科学」でなければならなかった。

しかし、長崎から帰った翌々年、はじめて江戸に上った松陰は、前に引いたように新しい苦悩の中に投げこまれている。その混沌とした苦悩は、書簡にあらわれているように、経書の学か、兵学かという二者択一の苦悩であったようにも見える。また、とくに彼の従来の学問の中に、歴史のそれが欠如していることの自覚であったようにも見える。しかし、それは彼の苦悶の形式を示すものであっても、決してその本質を示すものではなかったはずである。彼の苦悩は、いかなる学術を専攻すべきかということにあったのではなく、時代の激動の中において、学問と知識を求める主体そのものの意味を確かめたいという苦しみであったといえよう。先の書簡にあげられているおびただしい研究課目を見るだけでも、彼の心中に躍動し奔騰せんとしている疾風的な衝迫が、到底藩体制内に限局されるようなものではないことがわかるはずである。そのような普遍的な知識への欲求は、封建教学体制の眼からするならば、まさしく「学術不純」の原因とみなされるほかはなかったものである。

ともあれそのような煩悶をいだいていた松陰が、嘉永四年暮、いわゆる「亡命」によって東北旅行にふみきったことは、いかにも象徴的な事件であった。その結果として、松陰は士籍を削られ、世禄を奪われるという処分をうけることになるが、その原因はただ彼が東北遊歴の期日を約した熊本の宮部鼎蔵らとの約束を重んじ、藩庁から交付さるべき身分証明書の到着を待たずに亡命したことにあった。この決断の心理的機微がどこにあったか、きわめて興味ある問題であるが、ここではただその行動の中に「吾人はこの一事につきて、彼の眼中封建制度の縄墨あらざりしことを知る、彼は自覚したるにせよ、せざるにせよ、すでに長防二州を以て任とせずして、天下を以て任としたり、而して亡命の一挙は、けだし彼が天下の士となりし洗礼と見るも過当にあらず」（徳富蘇峰）という意味を認めるだけでよいかもしれない。

この思いきった行動に関して、松陰はその理由を、他藩人との約束を守らないでは長州の面目にかかわるからとしているが、この弁明はたしかに幾分子供っぽい印象を与える。奈良本辰也氏のいうように「このような理屈が児戯に類するものである位は彼にも分っていたにちがいない」。しかし、他藩の盟友のために自藩における自らの地位を失うことも辞さないという松陰のメンタリティには、明らかに封建的な秩序感覚の微妙な顚倒があらわれている。彼はその手紙の中で「外藩人の交は城府を撤し候て何も丸はだかの付合故、詩文を見せられ候ても愉快にござ候」と書いているが、そのあたりにも自由な人間の横断的な交際を喜ぶ彼の気持ちが示されている。

ここで一般に藩の枠をこえた有志たちの交流ということが、当時においていかに大きな思想変化をひきおこしたかは、今では想像もできないほどであることを想起しておこう。藤田省三氏はそこに生れたいわゆる「処士横議」の流行こそが維新の源動力であったと述べているが（『維新の精神』）、大隈重信の以下のような体験回想録を見ると、そうした見方が決して不当ではないことが想像されるであろう。

これまで彼輩〔武士たち〕がいかに狭小偏屈の範囲内にその身と思想とを拘束せられしかを顧みれば、今はじめて遠く江戸に行き京摂に旅するを得、近く鹿児島に使し熊本に遊ぶも、あたかも井中の蛙が江湖の広きに出でたるに異らず、当時にあって、隣藩もなお雲山万里を隔てたる外国と一般なりし異様の制度、法律、風俗、習慣を目睹して、いかに彼らの脳漿を刺衝激動せしやを推察するに余りあるなり、思うにそのこれによってえたるところの知識は、現今の諸外国を通して旅行したるものに比するよりも、なおまさりしなるべし。彼らはこれまで知識の価値を一向に知らざりしなり。多くは佐賀藩の人なることを知って日本国の人なることを知らざりし。いわんやその世界の人たるべきの理においては、影だにもなかりしなり。しかるに今や機を得て、自ら江戸に到りかつ諸藩の形勢を耳目したるに及んで、事物の大いに異同あるを知りたり。これこそ知識と判定とを生ぜしむるところの基礎なれば、即ち彼の輩は多少の知識と判定なるものを得て、而してその実地に経歴し来りたる事実をば、口より口に伝えたり。天下の形勢に関する有名なる識者の見解、各藩を代表する個々の議論、或は学制或は兵制に関して各藩が実施し、或はまさに実施せんとする所を詳悉して、これを報告することをえたり。(「大隈伯昔日譚」)

こうして、従来福沢諭吉のいわゆる「日本国中幾千万の人類は各幾千万個の箱の中に閉されまた幾千万個の墻壁に隔てらるるがごとくにして寸分も動くをえず」という状態にあった日本人の中に、はじめて幾らかの交通の流動化、社会的コミュニケーションの自由化が生じつつあった。松陰の行動もまた、そのような気運の中で育まれ、またその人格的な影響力によって、その気運を周辺の人々の間に拡めたものであった。

しかし、松陰の思想形成の過程において、藩国を超えた自由な知識の追及を可能ならしめたもう一つの要因として、彼の人間論ともいうべきものが考慮されねばなるまい。その行動にしばしばあらわれた異常なラジカリズムも決してたんに志士仁人的エリート意識から生じたわけではなく、むしろその根柢には封建教学思想の枠をふみこえるようなある新しい人間への意識があったと考えられる。そして、そのような人間論を基礎として、はじめてのちに見るように「草莽崛起」の人々への期待もまた展開しえたと考えられるのである。

松陰の人間論を具体的に示すものとして、その女性観がよく引き合いに出される。とくに彼が獄中から書いた妹千代への手紙など、その柔和な和文のスタイルと相俟って、これが果して封建的士道の下に鍛えられた青年武士の手紙であろうかと思われるほど、人間的な情感にみたされたものである。そこには女性をいちだんと低いものと見なす封建的イデオロギーは全くなく、ごく自然に愛憐すべき対等の人間とみる松陰の態度がよくあらわれている。松陰の師である佐久間象山には、京都において妾を入れた話をもう一人の側室にあてておくめんなく書き送るようなところがあったが、そのあたりの感覚は全く松陰とはちがっている。その自然な男女平等観に匹敵する新しさを思わせる人物は、恐らく坂本龍馬くらいのものかもしれない。

女性に対してだけではなく、松陰はさらにその時代の最下層の人々、いわゆる部落民に対してもまた、差別観をいだいてはいなかった。普及版全集第四巻に収められている「討賊始末」という一文はその証である。これは、夫を殺された部落の一女性が、仇討のため全国を遍歴した苦心談を記録したものであるが、通常世間が人間以下の存在とみなしていた人々の行動に対して、松陰はなんらの差別観なしに、あつい人間的共感をよせている。ルソーの人間観や社会理論の基礎におかれていたあの pitié に似たものが松陰の精神をつらぬいていたとさえ思われたが、それと同じことは、彼の児童・友人・後輩等すべてに対する態度にあらわれている。彼自身の自己批評の言葉に「余平素行篤敬ならず、言忠信ならずといえども、天性甚だ柔懦、迂拙なるを以て、平生多く人と忤《さから》わず、又人の悪を察すること能わず、唯《ただ》人の善のみを見る、故に宗族郷党より朋友故旧に至るまで、多く余を怒嫉する者あらず」というのがあるが、こうした彼の「善意」こそ、彼をみちびいて封建社会をこえた新たな人間の忠誠対象の発見へとみちびいたものであった。

ところで、水戸学が彼に与えた最大の啓発は、やはり蘇峰もいうように歴史の発見ということであったろう。すでに彼は『新論』を長崎遊学のころに読み、斉昭の「明訓一斑抄」なども読んで感心しているが、直接水戸の地を踏むことによって、その学風の中核をなす歴史哲学に深い印象を与えられることになった。

もっとも、水戸の地が初めて松陰の中に歴史の意識をよびおこしたとはいえない。

たとえば前掲家兄への手紙の中には「兵学家は戦国の情合いをよくよく味い候こと肝要と存じ奉り候」とし、そのためには「覚書、軍書、戦記の類、学者衆の埒もなきものと申され候もの」の研究が大切であろうと感想をのべているが、その前後、松陰の関心の中には、しばしば歴史が登場している。たとえば――

古賀〔謹一郎〕の説には、史論を読むは益少し、多く事実を覚え候方よろしき由にて、（略）いかさま事実の始末成敗を熟覧仕り候えば、自ら論を待たざるものこれあるべく候。（杉梅太郎宛、嘉永四年九月二十三日）

とくにこの同じ書簡の中には「かつ日本歴史、軍書類、もっとも力を用ゆべきものの由、ある人に聞き候えども、未だ及ぶに暇あらず、その人云う、御藩の人は日本のことに暗しと。私輩、国命を辱むる段、汗背にたえず候」という注目すべき箇所がある。このある人というのは、恐らく同じ古賀のことかもしれないが、当人の迷惑を考慮してその名を伏せたものと見ることができるかもしれない。ともあれ、日本の歴史を知らないという意識がこのころしきりに松陰をとらえていたことはたしかであろう。

こうして、東北紀行のころから、松陰の関心は経学よりも史学の方へと傾いていったらしい。安政二年、兄杉梅太郎と経学・史学の優劣を論じた書簡の中にも「横井平四郎が党某、しきりに寅に経学を進む……然れども史を観るの益あるにしかずと思う心ついに止ず」というような言葉がある。松陰が歴史を重んじたのは「空言よりも行事〔＝歴史的事実〕」が人に教えるところが多いという判断のためであった。いわば経学が静態的な完結したイデオロギーの解釈体系であるのに対し、松陰は一回きりの歴史的事実にこそ、全人格的なものが啓示されることを直感したのであり、それが、前述したような思想的惑乱の中にあった松陰に対し、その主体そのもののあり方を示唆してくれる唯一の方法という意味をもったといえよう。何を学ぶべきかではなく、何を学ぶにせよ、人間とは根本的にいかなる存在であるかという直覚を教えてくれるものを彼は歴史と考えていた。「春秋は読まざるべからず、それ以下歴代の史を歴観し、その断じがたきところは古人の衆論を以て己れが工夫を加えば、人間の大義自ら明らかならん、また経書を読むに勝らんか」という言葉などにも、彼が歴史を以て人間の学とみなしていることがわかる。経学の徒は、往々にして人間存在の意味を自ら問うことなしに、いたずらに空論の精緻を誇ることになると見ていたのである。水戸学は、その理論体系というよりも、それまで多く知るところのなかった日本の歴史への関心をよびおこすことによって、松陰の思想に影響を与えたことになる。

歴史は彼にとって「わずかに字を識り候まで」の伝統的学問を超え、すべての知識を人間の実践と結びつけるものであった。いいかえれば、松陰が経学よりも歴史にひかれたというのは、後者にこそ人間の生死にかかわる倫理の立場が、より切実に感受されたということである。そして、その倫理の核心をなしていたものこそ、松陰にとって忠誠心の問題にほかならなかった。私たちは、後に再びこの問題にかえることにしたいが、ここではその前に、松陰の洋学に対する態度のことを見ておきたい。この点においては、水戸学との間にかなりニュアンスの隔たりがあるからである。

水戸学が洋学に対する不信感を強調したことは前に述べたが、松陰はむしろ洋学の必要を痛切に感じ、その知友の誰彼れに向っても、しきりにその研究をすすめている。彼が実際に蘭学の勉強を始めたのは嘉永六年六月、あたかもペルリ来航の状を佐久間象山などとともに久里浜に目撃した直後のことであった。それはいかにも泥縄式の準備であったかにみえるが、もともと松陰の洋学知識は佐久間象山や橋本左内のように直接原書にもとづいたものではなく、勉強開始ののちもそれほど進歩したものとは思われない。とくに安政元年十月、下田踏海に失敗して郷里の野山獄に投ぜられてからは、「良師友あることなければ、則ち洋学の念すでに絶ゆ」としてその勉学を放棄している。しかし、彼が洋学、とくにその兵学の研究をいかに重視していたかは、安政二年の「某に与えて斎藤貞輔に伝う」という書簡にも明らかである。

方今大抵兵を唱うるもの三あり。一に曰く、和兵家。甲越諸家の兵を談ずるもの、この人体孤陋とくに甚し。かつ多くは虚誕を説きかつ文盲なり。二に曰く、書生譚ず。明清諸家を基本とし、或は歴代の史書を博渉し、また西洋の訳書などかじりくさし説を立つ。三に曰く、西洋兵学。これまた二あり、一は原書家、一は訳書家なり。原書家は多く医生なり。訳書家は多くは砲術家なり。兵家多しといえども、この三家に過ぎず。〔略〕

返す〴〵も洋学専要に存じ奉り候。書生兵家・和兵家は空論無定策〔書生家のこと――引用者〕にあらざれば旧套墨守〔和兵家のこと――引用者〕、今日の用に適せざるなり、云々この見識は、それ自体では必ずしも卓抜なものとはいえない。むしろそれは当時においてさえあまりにも保守的と思われる伝統的教学派をのぞいて、若年の敏感な武士層が共通に認めていたはずの認識であろう。彼はさすがに大橋訥庵流の洋学軽侮に陥ることはなかった。しかし、その洋学に対する態度は、その師象山におけるほどにも科学的というのでもなかった。どこまでもそれはその戦闘上の実用性という見地から評価されていたにとどまり、その点において、水戸学のより現実主義的な適応という範囲をさして出るものではなかった。要するにその科学に対する観念は、当時の水準を抜いたものとはいえず、ただ伝統的兵学思想の「空論無策《ママ》」「旧套墨守」に対し痛烈な批判をいだいたにとどまっていた。「和流の上手は西洋をやりても上手、西洋の下手は和流も下手、……然れば術は深く咎むるに足らず、これを用うる、人の上たるものに在り」というような言葉などからも、彼の西欧学術に対する態度の根本は、どこまでも人間が主であり、科学・技術は従であるとしていたことがわかる。そしてその限りでいえば、「かようにいえばとて、大礮《おおづつ》巨熕の類をもて、一切無用とするにあらず……ただ前条にもいいつるごとく、士気は本にして活物たり、礮熕《ほうこう》は末にして死物たり、云々」という大橋訥庵の見解ともそれほどかけはなれてはいなかった。

こうして、松陰の独創性は、当時の水準においてさえその学問・知識の進歩性にあったということはできない。たしかに彼にはまるで資質がことなるとはいえ象山という偉大な先生がついていた。その影響をうけてたとえば幕府の御台場建造の兵学的拙劣さを批判するくらいの先進性は松陰も身につけていた。しかし恐らく兵学を含めた科学的思考の領域においては、松陰は決してその独創性を誇ることはできない。彼の本領は、別のところにあった。それは、先に暗示しておいたように、人間の忠誠心という問題領域における探求者としてである。

松陰の忠誠観念のあり方をもっともよく示すものとして、僧黙霖との有名な論争中にあらわれた一節を引くと――

枝葉の論は林のごとくなれば皆々打置き、まず僕心を改めて申すべし。よく聞きたまえ、僕は毛利家の臣なり、故に日夜毛利に奉公することを練磨するなり。毛利家は天子の臣なり、故に日夜天子に奉公するなり。吾ら国主に忠勤するは、即ち天子に忠勤するなり、云々この言辞はかなりパセティクであるが、その本質は水戸学派の忠誠理念をそのまま継承したものといえるかもしれない。即ち『新論』において「天祖洋々として上にいまし、皇孫紹述して黷庶《いくしよ》を愛育したまい、大将軍帝室を翼戴して以て国家を鎮護し、邦君各疆内を統治し、民をしてみなその生を安んじて寇盗を免れしむ、今その邦君の令をつつしみ、幕府の法を奉ずるは、天朝を戴きて天祖に奉ずる所以なり」と述べたところと、その枠組は少しもかわっていないと思われる。要するに幕藩体制そのものの存在を前提とする忠誠の理念であって、そのかぎりでは水戸学からうけた尊王思想が深化すればするほどいっそう熱烈に藩主→幕府への忠誠心が高められるという関係にあった。

東北行の脱藩を咎められて幽居した嘉永五年、松陰が猛烈な勢いで日本歴史の勉強に励み、日本書紀、続日本紀等おびただしい国史を通読したありさまはその「睡余事録」にくわしいが、そのようにして彼が日本の歴史にめざめたのちにおいても、その基本的な忠誠心の構造はとくに変化したとはいえない。嘉永六年、ペルリ来航の衝激下に書かれた政策論「将及私言」を見ても、彼の朝廷・幕府・藩国のそれぞれに対する忠誠心は、いぜんとして水戸学的構造のものであったことがわかる。

普天の下王土に非ざるはなく、率海の浜王臣に非ざるはなし。この大義は聖経の明訓、たれか知らざらん。然るに近時一種の憎むべきの俗論あり。いわく江戸は幕府の地なれば御旗本及び御譜代・御家門の諸藩こそ力を尽さるべし、国主の列藩は各々その本国を重んずべきことなれば、必ずしも力を江戸に尽さずして可なりと。ああこの輩ただに幕府を敬重することを知らざるのみならず、実に天下の大義に暗きものというべし。それ本国の重んずべきはもとよりなり、然れども天下は天朝の天下にして、乃《すなわ》ち天下の天下なり、幕府の私有にあらず、故に天下の内いずれにても外夷の侮りを受けば、幕府はもとよりまさに天下の諸侯を率いて天下の恥辱を濯ぐべく、以て天朝の宸襟を慰め奉るべし。この時にあたり、普天率土の人、いかで力を尽さざるべけんや。なお何ぞ本国他国を選ぶに暇あらんや。いわんや江戸は幕府のあるところ、天下の諸侯朝覲会同する所なるをや。

ここでは封建的分国制に由来する地方的エゴイズムを批判する根拠として、「天下は天朝の天下」であって幕府の私有ではないこと（いわんや各藩の私有ではないこと）

をあげ、したがって「上は恐れ多くも天朝・幕府の御為め、下は六十六国生民の為めに」「列藩力をあわするに非ざれば事成らざるべし」ということを主張するのがその趣意であった。「いわんや江戸は幕府のあるところ、云々」の言辞は、幕府統治の正統性を明かに認めたものにほかならない。この「将及私言」の内容が「全国的統制ある国防国家体制の樹立、藩制の改革、西洋兵術の摂取等を極言したものであって、会沢の『新論』などから見れば必ずしも新しい見解とはいえない」(和辻哲郎『日本倫理思想史』第一巻)とされたのも当然であった。

この意見書を出したのち、間もなく彼は長崎、下田両度の踏海に失敗し、再び郷里に幽居することになるが、その頃執筆された『講孟余話』(安政二―三年)においても「列藩と心をあわせ、幕府を尊崇し、上は天朝に奉事し、下は封疆を守り、内は万民を愛養し、外は夷狄を屈服せしめば、その偉功盛然たれかこれにしかんや」と述べているが、これもいぜんとして同じ忠誠論である。またその『講孟余話』をめぐる藩の老儒山県太華との論戦において、山県が「本藩にても近来水府の学を信ずる者間々これあり」として、正統朱子学の立場から批判を加えたのに対し、その行間に「吉田寅次郎藤原矩方、その人なり」と記して自ら昂然と水戸学の徒であることを認めている。

要するにこの時期までの松陰の忠誠心はあるラジカルな姿勢を含んではいたにせよ、決してまたその枠外に超越したものともいえなかった。即ち、水戸学的尊皇論と同じく、未だ決して幕府否定という理念にまで飛躍してはいなかった。

ただ、松陰の忠誠意識の中には、かなり早くから一般的な封建家臣団の抱懐したそれとは質を異にするような要素があらわれており、それがのちに彼の忠誠観念におけるある一種の転向をひきおこす契機となったと考えられる。それはそのいわゆる、「規諫」の論であった。いわゆる主君への「諫争」「忠諫」、等々とよばれる態度のことであるが、もともとそれが封建的主従関係にともなう忠誠発露の一形式であったことはいうまでもない。ただ、松陰においては、そのあらわれ方がきわめてラジカルであったことが注目される。

松陰の行動がしばしば藩制の規格をのりこえるような形をとったことはすでにふれたが、そのさい、松陰の心意の中には、むしろそのような行動こそが藩国に対する真の忠誠であるという意識がつらぬかれていた。最初の脱藩の時にもその動機は決して漫然たる自我中心のものではなかった。だからこそ彼は「余を以て家国に負《そむ》きて僥倖するところあるものとなす、これ弁ぜざるべからざるなり」として、己れの逸脱行為こそむしろ藩国のために「大を謀る」ものであることを弁明したし、下田踏海の一挙もまた、真に攘夷を実行するためにはあえて国禁を犯しても海外に渡り、「夷情」を探索することこそが急務であるという信念によって実行された。「事成れば上は皇朝の御為め、下は藩主の為めにもなるべく、事敗れば、私ども首を刎ねらるとも苦しからず、覚悟の上なり」(「回顧録」)という精神である。ここには当然一種のパラドクスが含まれる。一般に忠誠心は一定の体制的秩序への同調を意味しており、その限り体制の正統性に対する無批判の服従と事勿れ主義がそのまま忠誠であるということになりやすい。松陰がその青年期からたえず批判の対象としたのはその種の「佞臣」の態度であった。場合によっては体制の習慣化した常識からは大不忠とみなされるような行動にふみきることこそ、真に体制への忠誠であるという逆説を松陰ほど深刻に体験し、思索した武士は稀であったかもしれない。松陰自らのいう「二十一回猛士」の「猛」の一字はそのような意味を含んでいたであろうし、また当時の多くの志士たちが、或は「清狂」(月性)、「狂介」(山県有朋)、「東洋一狂生」(高杉晋作)、「干令狂夫」(木戸孝允)、「鎮西の狂客」(平野国臣)等々、自ら称して「狂」と形容したのも、多かれ少なかれ同じような忠誠心の極限的なパラドクスに直面した状況を暗示しているといえるかもしれない。いいかえれば、もともと体制的秩序の論理からするならば、忠誠の行動様式は制度化され、客観化されたときに始めて政治的統合の安定要因となる。もし忠誠内容の解釈が個々の武士によって主観化されるならば、それはまさに乱臣賊子のふるまいに道を開く端緒となりかねない。松陰の激越な主観主義によって解釈された絶対的忠誠が、藩にとっても、幕府にとっても好ましくないものとされたのはそのためである。

しかし、こうしたラジカルな「主体的自律性」は松陰においてかえって藩国の主君に対する「絶対的帰依」の意識と結びついていた。そのことをもっとも具体的に示すものがここにいう「規諫」の精神にほかならないであろう。

近来直諫の風地を払いしこと哀季の光景、実に嘆すべきの甚しきなり。宜しく急に令を内外の臣に下し、言路を聞きたきことなり（略）然れども直諫は一番鎗よりも難きこと、古よりすでに然り。況や方今直諫地を払うの際に当りて、いかばかり上直諫を求むるの意切なりとも、なお人々口をつぐみて面従すること必せり、故に人君深くここに思いを致し給うべきことなり。（「将及私言」）

こうした「規諫」のラジカリズムこそ、実はまた逆説的に松陰の忠誠心を幕藩体制をこえた対象へと転位せしめる素因でもあった。そしてその転換の様相をほとんどドラマチックに示しているものが、安政二年九月から同三年九月にわたって、勤皇僧黙霖との間に交換された前後二十三通に及ぶ論争書簡であろう。

この往復書簡は古くから有名であり、とくに後日安政三年九月十九日の往復書に松陰が付記して「漢文を以て数度の応復これあり候ところ、終《つい》に降参するなり」と率直に黙霖への屈服を認めているところから、松陰思想の一大転換を示すものとして、即ち、水戸学的尊皇論からの超越をひきおこしたものとして著名である。

この論争の眼目はまさに松陰の規諫の理念に対する黙霖の痛撃と、あくまでその理念を防衛しようとする松陰の限界的な苦闘との間に生じた精神的なドラマというところにあろう。この往復書簡は全二十三通のうち六通が未発見となっており（『黙霖名著集第一輯』による）、論争の発端から経過をもれなく追求するにはやや困難がある。しかし、問題の焦点は明らかであった。前に引用した「僕は毛利家の臣なり、云々」の文章は、以下のようにつづいている。

〔……吾ら国主に忠勤するは、即ち天子に忠勤するなり。〕然れども六百年来、我が主も忠勤を天子へ竭《つく》さざること多し、実に大罪をば自ら知れり。我が主六百年来の忠勤を今日に償わせたきこと本意なり、然れども幽囚の身は上書もできず、直言もできず、唯父兄親戚とこの義を講究し、蠖屈《かっくつ》亀蔵して時の至るを待つのみ、時というは、吾、他日宥赦を得て天下の士と交ることをうるの日なり、吾、天下の士と謀り、まず我が大夫を諭し六百年の罪と今日忠勤の償とを知らせ、又、我が主人をしてこれを知らしめ、又、主人同列の人々をして悉くこの義を知らしめ、それより幕府をして前罪を悉く知らしめ、天子へ忠勤を遂げさすなり。(略)もし僕幽囚の身にて死なば、吾必ず一人の吾が志を継ぐの士をば後世に残しおくなり、子々孫々に至り候わば、いつか時なきことはこれなく候。今朝の書、一誠兆人を感ぜしむというはこのことなり、御察し下さるべく候。

即ち松陰は、士大夫→君主→幕府の序列にしたがって規諫をつくすことにより、全国的な忠誠心の統合(＝尊王)を達成しようとしている。そのさい、規諫の精神は死をも辞さない「一誠」でなければならなかった。

他日、主人を諫めて聞かざれば諫死するまでなり、三仁の中にて、僕が師とするは比干《ひかん》一人のみ、たとい主人が聴かざればとて、箕子《きし》や微子のごとく、吾が主人を去って他国へは仕えは得せず（略）我が主人、我が直諫を容れて六百年来の大罪を知る時、我が主人より諸大名且つ征夷をも規諫を尽すなり、征夷のことは、我が主人の君には非ざれども、大将軍は惣督の任にて二百年来の恩義一方ならず故、三諫も九諫も尽し尽すなり、尽しても尽しても遂にその罪を知らざる時は、已むことをえず、罪を知れる諸大名と相共に天朝にこの由を奏聞奉り、勅旨を遵奉して事を行うのみなり、この時は公然として東夷は桀紂《けっちゅう》と申すなり。今の東夷たとい桀紂にてもあれ、我が主人も、我が身も、未だ天朝へ忠勤を欠きいたれば、征夷の罪をあぐるにいとまあらず、唯己れの罪を顧みるのみ。

松陰の論理はきわめて鮮明である。天朝への忠誠を忘却している点で、幕府・諸侯以下、衆民にいたるまで同じ罪を負うている。「己の罪を閣《お》いて人の罪を論ずることは、吾死すとも」なしえないところである。問題はまず死をも恐れない諫争の精神を振起し、それを衆民から将軍にまで推し及ぼすことに始まる。そして、その努力が究極において挫折するとき、初めて幕府否定の行動が正当化されるであろうというのである。ここに初めて幕府否定の可能性が考慮されているが、しかしその論旨の文脈からいえば、むしろ「一誠兆人を感ぜしむ」の契機の方が強調されており、その可能性により大きい期待がいだかれていると見てよいであろう。「諫死」ということが規諫の極限状態と考えられる限り、規諫の最終的挫折ということは具体的には決定しえないからである。

ともあれ、ここにはあらゆる意味で松陰思想の究極像が示されている。その根柢にあるものは前にもふれた人間の善意に対する熱烈な信頼であり、策略と陰謀、面従腹《ふく》誹《ひ》に対する潔癖な拒否であり、政治支配者の心情においてさえ、それを人間的に考察しようとする同情と共感の態度がつらぬかれていることである。彼が默霖に対し「上人の論にては実に独行特立なり。桀紂、廉来へは一言も諫めぬとありては、吾等のごとく主人持ちたる者はたえて相謀らざるの勢なり。僕上人の独行特立を悲しむにあらず、人の善に遷り、過を改むるを塞ぐ道理なるを悲しむなり。人善に遷らず、過を改めずんば、一筆姦権を誅すといえども、姦権依然たり」と訴えているところなどに、松陰の善意の人間論がよく示されている。

これに対する黙霖の立場もまたきわめて鮮明なものであった。問題はすでに暗示されているように「一筆姦権を誅すると、一誠兆人（幕府大名より士農工商まで掛けて兆というなり）を感ぜしむとの界、今一応御出足までに御答え下さるべく候。この論ついに合わざれば、僕においては差支えなく候えども、上人よりは必ず僕と絶交すべし、云々」（安政三年九月十九日、往復書）という松陰の語にあるように、「奸権」否定の立場を明瞭に含むものであった。この点、黙霖がはじめてその主張を述べたと思われる安政二年十二月頃の手紙が失われているため、松陰の書簡から引用するほかないが、それは松陰の一誠兆人を感悟せしめるの論に対し「たとえその人を感悟せしむとも、風俗頽隳《たいき》の世に生れてこれをいかんともすべからず、余一筆奸権の士を誅し、忠孝の冤を雪ぐあらんのみ」というものであった。ここで黙霖のいう「奸権の士」というのは、松陰の論駁から推して考えれば、一般に武士団による国家統治の全般を指していると思われ、幕藩体制を前提として忠誠心の全国的統合をはかり、さらにそれにもとづいて攘夷を実行しようとする松陰の立場とはその発想次元を全くことにするものであったことが想像される。その思想的背景がいかなるものであったかはいま詳しく考究する余裕がないが、たとえば松陰に対して山県大弐の『柳子新論』のことを教えているところなどから、徹底した幕府否定論者であること、また一般の攘夷論者の海防論が、せいぜい諸侯の武備強化をいうにとどまっているのに対し「兵制を審かにして神兵に復するようにせねば外夷を尽《ことごと》く却けること思いもよらぬこと」としているところなどから、古代王朝的な国民皆兵制の構想をいだいていたらしいことがわかる（これらの点については市井三郎氏の『明治維新の哲学』を参照）。默霖によれば、規諫によって幕府を感悟せしめるなど、水戸学派の擬尊王論に泥んだ空論にすぎなかった。

足下の意は専《もっぱ》ら小器小道の江戸より天子を貴ませたきことと見ゆ、幕府は中々我らが言いたることに百年しても感悟はせぬ、一日感悟すること決してなし、云々（安政三年八月二十四日）

默霖はその僧籍という自由な身分から、封建的忠誠心と尊王思想との折衷・調和をはかるという過渡的な段階をたどることなく、一挙に朝廷絶対の原理に立って当時の喧々たる思想闘争の現状を超越的に批判することができた。攘夷か開国か、幕府か雄藩か、公武合体か朝廷中心か等々の論議は、すべて黙霖には情勢論の次元に立った議論であり、時勢の要求に押されての論議にすぎなかった。彼には、それは問題の正しいとらえ方ではなかった。松陰が「ついに降参するなり」と述べたのも、その点にかかわっている。

天朝を憂え、よってついに夷狄を憤るものあり、夷狄を憤りよってついに天朝を憂うるものあり。余幼にして家学を奉じ、兵法を講じ、夷狄は国患にして憤らざるべからざるを知れり。爾後ひろく夷狄の横なる所以を考え、国家の衰えし所以を知り、ついに天朝の深憂、一朝一夕の故にあらざるを知れり。然れどもそのいずれが本、いずれが末なるは未だ自ら信ずる能わざりき。向《さき》に八月の間、一友に啓発されて矍然《かくぜん》として始めて悟れり。従前天朝を憂えしは、みな夷狄に憤をなして見を起せり。本末すでに錯《あやま》れり、真に天朝を憂うるにあらざりしなり、云々（「又読む七則」）

これがいわゆる松陰の「転向」（和辻哲郎）とよばれるものであった。それは思想的には従来の「天下は一人の天下にあらず」とする儒教的政治論の立場から「天下は一人（＝天皇）の天下なり」という立場への移行であり、政策論としては討幕実行の諸計画となってあらわれたものである。「天下は一人の天下に非ざるの説」（「丙辰幽室文稿」）はいう――

本邦の帝皇或は桀紂の虐あらんとも、億兆の民は唯だ当《まさ》に首領を並列して、闕に伏し号哭して、仰いで天子の感悟を祈るべきのみ。天子震怒し、ことごとく億兆を誅したまわば、四海の余民、また孑遺《げつい》あるなし、而して後神州亡ぶ。もしなお一民の存するものあらば、また闕に詣りて死せんのみ。これ神州の民なり、或は闕に詣りて死せずんば、則ち神州の民にあらざるなり。

松陰がその生涯を通じて変えなかったものは、このラジカリズムであった。幕藩体制の枠組内においても、それを超えた視野を開かれた後においても、その誠心誠意を披瀝して君主に迫るというダイナミックな忠誠心の自律性はかわっていない。丸山眞男氏のいう「没我的忠誠と主体的自律性、絶対的帰依の感情と強烈な実践性の逆説的な結合」(「忠誠と反逆」)という特質がそれである。

しかし、この強烈な忠誠の自律性は、すでにふれたようにある悲劇的な逆説性をも孕んでいた。後年、松陰の思想的影響をうけた人々の中には、その悲劇性を身をもって実現した人々が少なくなかったのである(のちの二・二六事件を見よ)。

松陰の思想についての記述が思わずながくなったが、ここでそれが日本のナショナリズム形成にいかなる関わりをもったかを簡単にまとめておきたい。そのさい、はじめに述べたように、一般にナショナリズムが、ある限局された具体的環境における人間の忠誠心を、より抽象化された政治的共同体へと転位せしめるという視点を考慮しておきたい。

すでに見たように、松陰は封建家臣団における知的エリートとして出発した。その知的自負心と熱烈な忠誠心とが、しばしばかえって超藩的な行動をひきおこしてはいるが、しかしそれは決して幕藩体制の否定を志向するものではなかった。その限りでは彼は、せいぜい水戸学派から生れた一異才ともいうべき人物にほかならなかった。ただ、前述のような黙霖との交渉を通じ、また安政五年の違勅調印問題のショックを通じ、俄然として急進的な討幕論に転じてはいるが、本来佐幕か討幕かの区別は、それ自体としては本稿でいうネーション形成の主題と直接のかかわりはもたない。封建諸侯の数人が一大封建領主を倒そうと倒すまいと、事態はそれだけではネーションの問題にはかかわりないからである。

ただ、松陰の場合、その忠誠対象が明確に具体的な天皇の人格に転位したということと、それが藩体制をこえたより一般的な忠誠心の対象として定位されたということは、のちのネーション形成のための突破口を開いたものではあった。日本人によって形成される政治社会の主権が天皇の一身に集中されるとき、他の一切の人間は無差別の「億兆」として一般化される。論理的には、もはや諸侯・士大夫・庶民の身分差はその先天的妥当性を失うこととなる。もともと松陰の気質の中には主観的に封建的身分制にかかわらないところがあったことを前にもふれたが、それらの面のみからいえば、松陰は天皇への熱烈な敬愛（＝「恋闕」）を機軸として「国民」意識の端緒をとらえたといえよう。のちに松陰門下の伊藤博文が、あらゆる宗教にかわって皇室を日本国家の「機軸」として設定し、その上に明治国家体制を構想したとき、松陰が予見したであろう天皇制的「国民」の制度化が完成されたということができよう。

3

水戸学から松陰にいたる思想的展開と並行して、ネーションの意識の誕生にかかわると思われるもう一つの動向は、幕藩体制下における中間層のそれであろう。水戸学的尊皇攘夷思想は結局のところ武士層によって受容されたものであるが、当時およそ四十余万戸（二〇〇万人）と推定される封建武士団の思想とは別に、一般民衆がこの時代の危機感の中において、どのような思想を予感しつつあったかをたしかめておかねばならない。というのは、もともとナショナリズムの要求は、フランス的典型にしたがうならば、貴族・僧侶の二身分に対する第三身分の主張としてあらわれているからであり、封建支配層に属する武士階級の思想変化のみを問題としても、問題の本質にはあまり迫りえないだろうからである。

シェイエースの有名なパンフレット（「第三階級とは何か」）によれば、革命前後におけるフランス人口のうち、聖職者の総数八万人、貴族の総数一一万人、それ以外の「第三階級」（＝一般民衆）は二五〇〇万ないし二六〇〇万と算定されている。フランス・ブルジョア革命は、この最大多数を占める「第三身分」が「すべて」であることを要求してひきおこされたものであった。したがってまた、その革命から生れたナショナリズムは、少なくとも理念的には全民衆的基盤の上に成立したわけであり、それだけにあのストイックな一般意志をテロールによって強制することもできたのである。しかし、日本においては事情はことなっていた。そこでは支配者層としての領主・武士団・知識階級が一体として伝統的生活様式の危機を直観し、自らの環境適応によって事態をきりぬけようとした。一般民衆が自らの力によって伝統的制度と生活意識を粉砕し、あらたにネーションの一体感を作り出したものとはいえない。

しかし、そうした概括を行う前に、私たちは豪農・豪商の名でよばれる当時の「中間層」が、どのようにしてこの時代の激動を迎えようとしたかを改めて見ることにしたい。

ここで、中間層とよぶ階層のイメージは、たとえば以下のようなものと考えてよいであろう。

村中にて白亜の土塀囲の如きは殆ど稀に偶々之《たまたま》あるを見ば地士豪族若《も》くは大庄屋の邸宅たるを知れりと云う、此等の家にては豪奢なる構をなし、乳門ある門長屋あ

り、本宅の表には防火用具を吊し玄関には槍長刀等の武具を飾れり、云々（『和歌山那賀郡誌』下巻）

このイメージから連想されるように、彼らは近世郷村における在地的指導者として、幕藩体制の下においても（また明治国家の段階に至ってからも）いわゆる名望家支配の機能をになってきた階層である。その人口がどれくらいであったかはもちろん概算をこえることはできないが、かりに明治に入ってから、自治制施行前の県会議員の被選挙権を有するもの（二十五歳以上、地租十円以上を納める者）の数を一つのデータとして推算すれば、全国凡そ八〇万人くらいをそれとして考えることができる。これらの階層が「黒船」以降の政治的・社会的激動の中で、どのような反応を示したか、それが武士団の間に生じた一定の国民意識とどのように結びつき、もしくは結びつかなかったかがここでの問題である。

このような在郷中間層の代表的人物としてしばしばあげられるのが紀州藩有田郡の菊池海荘、浜口梧陵らである。菊池は郷士の出身、地方において干鰯商を営むほか、砂糖・薬物商の出店を江戸で経営する豪商として、武術・詩文にも通じ、経世の知識にも明るい名望家であった。浜口も商業・漁業・醸造業（＝ヤマサ醤油の始祖）を営む豪商であったが、その見識もまた、幕府の外交掛田辺蓮舟をして「人物高邁、識見卓抜、愛国の志篤く、有志家中に群を抜けるのみならず、諸藩の俊英に伍するも、……肩を比べうるものは甚少なかりき」（杉村楚人冠『浜口梧陵伝』）といわしめたほどであった。彼らのそのような見識と経世家的実行力とがどこから生れてきたかは、ここでは当面の問題とはならない。ただ、彼らが封建的支配階級とならんで、当時における有力な知識階級を形成していたこと、彼らの経験と知識、さらにまたその蓄積した財力が幕末＝維新期において重要な政治機能を果したことは、たとえば服部之総氏の「志士と経済」などを一読しても明白である。しかし、ここでは、彼らの抱懐した経世策の中に、どのような形で「国民」の意識が生れつつあったかに焦点をあわせることにしたい。

嘉永六年、菊池海荘が藩当局に提出した海防建白書の一つに次のようなものがある。

御国中海岸浦々そのほか在中にも有志の者数多くこれあるべく候えども、御時節を憚り、存意中上げ候儀恐れ入り黙止仕り候ものもこれあるべく候間、この節急々御代官へ仰せ出だされ候て、海岸浦々そのほか在中有志の輩御用立ち候もの御調べ遊ばされ候て、御国中地士、百姓に限らず、神主・僧侶にいたるまで、御領国惣体力をあわせ候て、外夷防禦の御一助に相成候計策御立させこれあり候よう、御命令御下し下されたく存じ奉り候（略）惣じて土着の者の中より頭立ち候者御立てなされず候ては、浦組の儀、御手配御行届のかども参りかね申すべく、この訳は、不慮の変これあり候て、夷人乱妨等に及び候節、御城下より火急御詰め合せの方々ばかりにては、平生の御親しみもこれなく候間、小民ども御指揮に従い候こと、上下の隔り遠く候て、御間に合せかね候こともこれあるべくと愚案仕候ことに御座候、云々（伝田功「名望家層の歴史的意義」より再引。以下の資料も同氏の論文に負うところが少なくない。）

一言でいえば、これは農兵を組織して海防の一助とせよという意見であるが、この短い引用文の中にも、全国的な国防の実行が伝統的な藩兵の編制と指揮系統によっては不可能であろうというリアルな認識とともに、封建的身分制と農兵組織との間に、一定の矛盾が生ずるであろうという予見が暗示されている。彼が農兵（実は国民兵ということにほかならない）取立てを急務と感じたのは、一つには当時の封建家臣団が本来の戦士集団として無力化していることを見抜いていたからである。

兵賦の形勢改まりて、士は皆城下住居となりし後は、太平驕奢の風習にて、何《いず》れの国にても、其役其格の仕来りありて、平日に費用多く、居宅の華美、家内の暮し方に引れて、武備は立たざることになりゆき、千石已上《いじょう》を領する士にても、譜代の家来とて、死生を共にする従者を多く持し人は稀なり。（「七実芻言」）

すでにこのような現状に対する憂慮は、荻生徂徠の『政談』あたりにはじまり会沢の『新論』にいたるまで、くりかえし述べられたところである。だからこそ『新論』は「邦君をして強を国に養い、士大夫をして強を邑に養うことを得せしめ、兵に土あり、土に兵あらしむ」るために武士の土着化を提唱したわけである。しかし、そのさい、すでに述べたように、一般民衆の動員という発想は欠如しており、むしろそれは封建制に対する「姦民」に転化しうるものとして忌避されていた。海荘の農兵論には、まさにそのような民衆不信に対する正面からの批判が含まれていた。彼の意見書の中には、しばしば「国家を憂うる有志者を事を好み凶乱を招き候ことのように相心得、または身分の程をも弁えず僭上の心なりなどと嘲ける」もの、「海防のこと民間にては二百年来官禄を食み候武士の職とする処にて百姓町人の預る処にあらずと存じこみ候もの」への批判と憤懣が述べられているが、それは明らかに武士階級の発想とはことなる基盤から生れたものであった。とくにたとえば彼が紀州藩による農兵創設（文久三年）の後、農兵への報償の必要を論じて「海警ありし日には何の恩賞もなく、惨刻に駆使する者と思われしはいかなる心ぞや」と批判し、その根拠を「各国の祖宗、天下に力ありて列侯となり、二百年の今日まで、侯伯の職を忝うするは抑《そもそ》も誰が力ぞや、……今日の民は耕作を業として、二百余年の今日まで、年貢公役を勤め、上は君上より諸士を養う民なれば、云々」という事実に求めたとき、それは殆ど封建的名分論の埒をこえ、まさにシェイエースのいう「第三階級とは何か？　すべて。今日まで何であったか？　無、何になろうとするか？　何ものかに」という発想を思わせるものでさえあった。海防の基礎が「民生」にあることを鋭敏に見抜き、「草莽崛起の人」への期待をいだいた松陰のような熱烈な革命家にあってさえ、すべて封建体制の根柢をささえるものが人民であること、その人民大衆の自己主張に体制変革のヴィジョンが結びつくであろうという発想は認められない。彼の場合には、どこまでも武士的エトスが出発点であり、士道実践の究極的形態として体制への反逆が生じたにすぎない。海荘の発想がそれとことなることはいうまでもあるまい。

もっとも海荘の場合にも、そのエトスを支えたものは農民そのものの意識というより、「吾家は七百年の昔は西肥にありて、弘安蒙古の変には勤王の軍功もたてしことは史乗に記して遍く人の知るところなり」という系図に対する誇りの念であった。彼はその誇りと在地の豪農・商としての生活実感とを基礎として、有志者としては武士と同格の地位を求めたのであり、必ずしも封建制そのものの廃止にまでは思い及んでいなかった。しかし、ナショナリズムの一契機としての「平等」の要求はそこに明らかにみとめられるであろう。

浜口梧陵の場合もほぼ同様である。嘉永四年、彼が紀州広村に結成した「崇義団」は、郷村の有志による農兵訓練のための結社であったが、その趣意書には次のように述べられている。

……神国に生れ候程の者は、吾々風情に至る迄是非共心を一にして、神国を守らねばならぬという訳は、毎度申聞候通、我神国を御開き遊ばされ、国の御柱と崇奉る御伊勢様の御子孫は、現にましますす天子様なり、さて神国に生れ候程の者、親の親、又その親の親、主人の主人と段々古く尋れば、上下の分ちはあれども、皆天子様の子なり、家来なれば、今ましますす天子様へ孝行忠義を尽すは、子や家来のきっとあたり前にて、忠孝のためには命おしまず、子や家来の道を尽すは又あたりまえなりという事、幾度も〳〵申聞候事、しっかりと呑込み候処を、今日氏神、八幡様御照覧あらせられ候御広前にて、とくとさらえ盟をなすもの也、さて賤しき身分にて天子様に親しく忠孝は尽されぬ故、我国の守様の天子様に忠孝御尽し遊ばされ、此御国を大切に御守り遊ばされ候御下知を、謹て守り候がわれわれの天子様への忠孝と心得べし。万一の節は居村を守り、村内足弱に至る迄一人たりとも凶事あってはすまぬ事なり。又心ばかり堅まりても、用前に立たぬ故、銘々鉄砲打習い、棒つかい方等こころえ、きっと男役の間にあい候よう、日々いとなみの間むだ遊びせず、明暮油断なく相はげみ、日本気性の勝れたる処、夷人らにかがやかすため今日急度申合ものなり。(『浜口梧陵伝』)

この論旨にも、その結盟の様式にも、きわめてユニイクなところがある。武士層の海防論議がイデオロギー的には名分論と華夷内外の弁とに固執し、戦術的には和兵と洋兵の優劣に泥んで実質的な進歩が見られなかったのに比べ、浜口の立場はごく素直に民衆の心に訴えることによって、少なくとも己れの郷土を自力で防衛しようとする立場を確立している。とくに氏神社を組織象徴として結盟の場所として選んだあたり、武士的発想とはことなる心情を含んでいる。

生活集団としての部落集団をもって、氏神をその守護神とする政治集団たらしめようとするところに、郷士・名望家層によってはじめて可能とせられる極めて土着的な発想を見出すことができるのである。……郷士、地士を中核とする名望家層による地縁的共同体における支配は、庶民階級の生きた生活の場を直接に把握し、同時に彼らの所持する大衆的エネルギーを巧みに掌握することを可能とする点において甚だ重要な意味を有していた。（伝田功、前掲論文）

ここで私たちが注意する必要があるのは、浜口の民衆への訴えも、『新論』の主張も、いずれも「神国」思想をその根拠においているにもかかわらず、そこにある決定的な意味上の差異があるということであろう。また浜口の場合にもそれぞれの身分上の差別にもとづいて忠孝のつくし方がことなるという水戸学的な序列の意識が認められるが、そこにもやはり意味合いの相違があるとみるべきかもしれない。即ち、その決定的な差異は、水戸学その他武士階級の「神国」思想は、封建貢租収取者としての自己の立場を恒久化しようとするものであったのに対し、後者のそれは、むしろ生産者としての民衆を永遠化し、尊厳化するという機能を果していることであろう。

こうして浜口らの立場は、序章に述べたあのナイーヴな郷土愛を組織することによって、郷土防衛を行おうとしたものといえそうであり、そこに従来の武士的発想に比べていかにも新鮮な感覚があらわれている。そしてまたその戦闘理念が封建的領主支配のための軍制にかかわりなく、生活圏防衛の意識から生じているために、次のような注目すべき主張もまた展開されることになる。文久三年、いわゆる天忠組の大和義挙のときである――

……海岸手当夷人へ立向い候ことはかねて仰せつけられもこれあり、年来心得おり候故、身命捨て日本男子の役は勤め申すべき覚悟に候えども、山手へ立向い日本人同志の取合いは御免こうむり候よう申立ての心得に御座候。

即ち攘夷のためなら格別、天忠組弾圧のための農兵出動は断わるという趣旨であるが、ここには「日本人同志」の内戦はもはや無意味であるという見識があらわれている。菊池海荘もその点では全く同じことで、元治元年の第一次征長役について「わが子孫はこの後いかなることありても天朝の民を以て天朝の民を討つような御軍ありと聞かば、戸を閉じ門を塞いで潜り居るも本より下賤の民なれば罪科はあるまじ、我先祖へも申訳あるべし、外夷の皇国を犯すことあるならば、女たりとも戦って死せんこそ、先祖の御霊に対し申訳もあるべし」とし、封建的藩国制を基礎とする国内闘争に対し、きびしい拒絶を述べている。

すべてこのような新しい着想は、彼らが在郷の名望家的指導者として、生産者農民の生活心理に密着しているという信念から生れていることは想像にかたくない。一般に民衆を組織して農兵（＝民兵）を作るという思想は、すでに林子平の『海国兵談』（天明六年＝一七八六）などに萌芽をあらわし、蒲生君平の『不恤緯』（文化四年＝一八〇七）、広瀬淡窓の『迂言』（天保十一年＝一八四〇）、大槻磐渓の『献芹微衷』（嘉永二年＝一八四九）などにさまざまな形で説かれたものであるが、その実行を阻んだものは、なんといっても封建貢租の生産者としての農民の武装化が、かえって封建制自体への反逆をひきおこすであろうという当局者の懸念であった。封建支配者層は民衆を国土防衛の実質的部分とすることを恐れ、その意味でまた彼らを「ネーション」とみなすことを拒否してきた。海荘や梧陵の思想の中には、前述のようにそうした不信感をはずかしめと感じるような自尊自負の信念があり、或いは天祖以来同種であるという主張、或いは全支配機構の実質的担い手であるという主張によって、民衆の「平等化」を要求している。伝田功氏の言葉でいえば、彼らはその意味で「近代的なネーションに当面代位する社会的役割を果し」たと見ることができよう。

こうした豪農・商の意識を形成したものは何かということがここで問題となるが、すでに引用した海荘らの文章とならべて、たとえば土佐高岡郡の庄屋として、ほぼ同じような社会的地位にあった吉村虎太郎（のち天忠組の指導者として討死した）の場合を引照するならば、その思想的な背景がやや明らかになるかもしれない。

当職（＝庄屋）の官は日本紀神代巻に天照皇神五穀の種を田畑に取分給い、稲を以水田に植させ給う時、天邑君と相見申すは、正しく末の庄官に当り申すべく、さ候えば賤吏たりといえども、忝くも神勅正統の職たるべきこと。（平尾道雄『吉村虎太郎』）

これは、天保十二年（一八四一）、吉村が高岡郡の庄屋たちと申合せ藩の代官の悪政に対抗して秘密の庄屋同盟を結成したとき、その盟約書にあらわれた文章であるが、このように、庄屋という職責を幕藩体制の論理からではなく、日本の古代史の解釈と結びつけて理解しようとする態度は、後にも見るように当時の先覚的な庄屋・名主層にかなりひろがっていたものであった。それは積極的な意味でいえば、一面では封建領主権力の暴虐に対して農民を守ろうとする姿勢につながり、他面では「神州」防衛のパトリオティクな態度にもつながっていた。このような思想を彼らの内に育てたものが幕末国学の思想にほかならないことは、もはや容易に推測することができるであろう。

一般的にいって儒教が武士階級の教養であったのに対し、国学はむしろ豪農・豪商のそれであった。そして、儒教的教義が究極的には封建体制の正統性を論証する理論であったのに対し、その儒教的規範主義に対して徹底的な批判を行い、その意味で封建的人間論・社会理論の顚倒をひきおこしたのが国学であったことはいうまでもない。

もちろん、国学の封建社会批判は、直接に幕府と藩国制の否定を目ざしたものではなかった。むしろそれは「かもかくも時のみのりにそむかぬぞ神のまことの道にはありける」「今の世はいまのみのりをかしこみてけしき行ひおこなふなゆめ」(「玉鉾百首」)という本居宣長の有名な歌に示されるように、時の政治体制への従順な服従の心得を説いたものにほかならなかった。こうした国学の非政治的性格については、すでにしばしば指摘されるところであるから改めては述べないが、にもかかわらず、この国学思想は、とくに幕末期においてかなり広範な政治作用をひきおこしている。とくにその傾向は平田派とよばれる平田篤胤の学統において著しいものがあったが、そうした矛盾に似た現象があらわれたのは、やはりそれだけの理由をともなうものであった。

ここで国学思想の内容そのものを立入って吟味する必要はあまりないが、本来歌学から出発して日本古代の研究へと展開した国学が、その非政治性にもかかわらず、一定の意味で幕政への批判原理たりえたのは、それが古代日本における政治と人間のあり方を一個のユートピアのように、人間の幸福の本来の姿を示すものとして描き出し、それを現実の封建社会に対置させるという意味をもっていたからである。

　まず上古に天皇の天下を治めさせ給いし御行い方は、古語にも、神随《かむながら》天下しろしめすと申して、ただ天照大神の大御心を大御心として、万事、神代に定まれる跡のまゝに行わせ給い、其中に、御心にて定めがたき事もある時は、御卜を以て、神の御心を問いうかがいて行わせ給い、惣じて何事にも大かた、御自身の御かしこだての御料簡をば用いたまわざりし、これまことの道の、正しきところの御行いかたなり、其時代には、臣下たちも下万民も、一同に心直く正しかりしかば、皆天皇の御心を心として、たゞひたすらに朝廷を恐れつゝしみ、上の御掟のまゝに従い守りて、少しも面々のかしこだての料簡をば立ざりし故に、上と下とよく和合して、天下はめでたく治りしなり。(「玉くしげ」)

ここにあらわれている政治的世界は、いわば治者と被治者の一体性が神意にしたがって自然に存在しているような世界であった。いいかえれば、人それぞれが己れの情の動くがままに行動して、しかも社会の共同性が損われることのないようなかんながらの世界であった。したがってそこでは、人々の服従を強制するために人為的な規範がもち出されることもなかった。なぜなら「神は、ものごと大ように、ゆるさるゝことは大抵はゆるして、世の人のゆるやかに打とけて楽しむをよろこばせたまうことなれば、さのみ悪くもあらざる者までを、なおきびしくおしうべきことにはあらず。さように人の身のおこないを、あまり瑣細にたゞして、窮屈にするは、皇神《すめかみ》たちの御心にかなわぬこと」（『玉くしげ』）とされたからである。

こうした国学思想の非政治的ユートピアニズムが、それ自体封建社会の政治体制に対する一定の反措定であったことはたしかであろう。それは一切の政治イデオロギーによる人間の拘束を排斥し、神ながらの素直な心情だけによって、人間は十分幸福に生きることができることを暗示した。そしてすべてのもっともらしい「思想」や「理論」が、実は本来の人間的幸福から疎外されたものたちの偽善的な作為（イデオロギー）にすぎないことをもっとも平明・辛辣に説いたものであった。当時において、そうしたイデオロギーの最大のものはいうまでもなく儒教にほかならなかったから、国学は何よりも執拗に儒教に対する徹底的な反対者であった。国学の儒教批判をもし簡単にいい直せば、儒教は人間本来の性質に対する敬虔さを見失い、人為的な「天道」とか「五倫五常」という形式的範疇に人間の行為をはめこみ、それによってはじめて人間にふさわしい社会が形成されるものと妄想しているが、それは人間社会をますます本来の姿からとおざけるものにすぎないというのであった。

いわゆる仁義、礼譲、孝悌、忠信のたぐい、皆人の必ずあるべきわざなれば、あるべき限りは、教えおかざれども、自からよく知りてなすことなるに、かの聖人の道は、もと治りがたき国をしいておさめんとして作れるものにて、人の必ず有るべき限りを過ぎて、なおきびしく教えたてんとせる強《し》いごとなれば、まことの道にかなわず。(「直毘霊《なおびのみたま》」)

宣長はこうした古代世界のイメージを、日本の古典に対する文献学的研究を通して作りあげていった。とくに歌学において彼の見出した「もののあわれ」という人情自然の姿は、人間の心の微妙な働きを示唆することによって、仁・義・礼・智・信に規制された封建的人間論の偽善性を鮮かに照らしだしたものであった。

すべて喜ぶべきことをも、さのみ喜ばず、哀むべきをも、さのみ哀まず、驚くべきことにも驚かず、とかく物に動ぜぬを、よきことにして尚ぶは、みな異国の虚偽にして、人の実情にはあらず。(「玉くしげ」)

そして逆に「うまき物くわまほしく、よききぬきまほしく、よき家にすままほしく、たからえまほしく、人にとうとまれまほしく、いのちながからまほしくするはみな人の真情《まごころ》なり」(「玉かつま」四)というのが、宣長の人間論であった。宣長の描いた古代日本の姿は、そうした「真情」によって動く人間たちが、さながらに調和を保っているような世界であった。

こうした自然の世界に対比するとき、現実の封建社会がいかにそれと背馳しているかは明らかであった。封建領主層と武士団により統治されている社会において、一般民衆がいかにその「真情」のままのふるまいを抑圧されていたかはいうまでもない。名分論によってきびしく規制された身分制の下では、そもそも一般的な人間性が問題とされることはなかった。たとえば貢租の負担に苦しむ農民に対しても、封建支配者は自己の利益の見地から、せいぜい「御仁政」の救恤策をとることはあっても、その農民たちの人間内部の心情に注目することはなかった。宣長らの国学を政治思想の見地から見るとき、それは何よりもたんなる政治支配の手段と考えられていた被治者大衆の内面性の発見という意味をもっていた。

しかし、国学がそうした人間論から出発して、社会変革の政治論を提起したかといえば、その答えは否である。少なくとも宣長においては、前に見たあまり上手でもない和歌にもあらわれているように、人間の真情の実現のためには、かえってその時々の支配層に対する恭々しい服従こそが肝心とされている。こうした国学の非政治的性格は、すべて人間世界の営みを——政治の作用も人間社会の諸矛盾も——神々の働きと結びつけて考えるところから生じているが、そのことについては、また後にふれることにして、ここでは、そのような人間観をもった国学が、具体的に幕末において、どのような形で人々をとらえたかを見ておくことにしたい。

4

国学思想が地方の豪農層に入ってゆくありさまを描いた有名な作品に、島崎藤村の『夜明け前』がある。主人公青山半蔵（＝藤村の父島崎正樹をモデルとする）は木曾馬籠宿の本陣、問屋、庄屋をかねる旧家の十七代目の当主であるが、青年のころから彼の心をとらえたのは「中世いらい学問道徳の権威としてこの国に臨んで来た漢学び《からまな》風の因習からも、仏の道で教えるような物の見方からも」離れ、「それらのものの深い影響を受けない古代の人の心に立ち帰って、もう一度心ゆたかにこの世を見直せ」という、国学の教えであった。少年のころ、寄留客の医師から「詩経」を学び、父から「古文真宝」を少し教わり、あとは独学で「四書」の集註や「易経」「春秋」などの漢籍を読破したこともあるこの好学的な青年は、二十三歳ころには、実証的な文献学的方法の魅力にひかれて、しだいに国学に深入りして行った。

いつでも半蔵が心のさみしい折には、日頃慕っている平田篤胤の著書を取り出して見るのを癖のようにしていた。『霊の真柱』『玉だすき』、それから講本の『古道大意』なぞは読んでも読んでも飽きるということを知らなかった。大判の薄藍色の表紙から、必ず古代紫の糸で綴じてある本の装幀までが彼には好ましく思われた。『静の岩屋』『西籍概論』の筆記録から、三百部を限りとして絶版になった『毀誉相半ばする書』のような伊吹の舎の深い消息までも、不便な山の中で手に入れているほどの熱心さだ。

しかし、そのように国学に慰めを見出したのは、何も青山半蔵ばかりではなかった。その地方だけに限っても、国学に熱心な人々の範囲は相当なものであった。以下の記述は、史実的にも正確な内容をそなえたものである。

……隣村妻籠から伊那への通路に当る清内路には、平田門人として半蔵から見れば先輩の原信好がある。御坂峠、風越峠なぞの恵那山脈一帯の地勢を隔てた伊那の谷の方には、飯田にも、大川原にも、山吹にも、座光寺にも平田同門の熱心な先輩を数えることができる。(略)半蔵にして見ると、彼はこの伊那地方の人達を東美濃の同志と結びつける中央の位置に自分を見出したのである。賀茂真淵から本居宣長、本居宣長から平田篤胤と、諸大人の承け継ぎ承け継ぎして来たものを消えない学問の燈火にたとえるなら、彼は木曾のような深い山の中に住みながらも一方には伊那の谷の方を望み、一方には親しい友達のいる中津川から、落合、附智、久々里、大井、岩村、苗木なぞの美濃の方にまで、あそこにも、ここにもと、その燈火を数えて見ることができた。

すべて幕末における国学の普及はめざましいものであった。ある統計によると、安政五年（一八五八）における国学者の分布は全国六六カ国のほか琉球に及んでおり、その人数は総計一七七一名に達している（高階惟昌「国学人物誌」による）。そしてその出身階層を平田篤胤の門下生について見ると、総数五二五名のうち豪農・商の階層が一九五名を占め、次が武士一六三名、神官一四〇名となっている。鈴の屋内では総数四九一名のうち豪農・商が二八〇名、神官六九名、武士六八名となっていて、平田門に比べ庶民層の比率が圧倒的に高いことがわかる。これは、宣長と篤胤の学風の相違とともに、時代の推移にともなう危機感の深化を暗示するものであろう（数字は芳賀登『幕末国学の展開』付録の同氏作成のものによる）。

しかし、いったい国学はなぜそのように幕末社会の人心をとらえるにいたったのか。茫漠たる古代社会のイメージを説く国学が、内外の現実的危機に迫られている幕末の地方指導者層の心にひろく浸透したのはどうしてか、そしてそのことは、日本人のネーションの意識にどういう作用を及ぼしたのであろうか——これが以下の問題となる。

すでに吉村虎太郎の場合に見たように、庄屋として地方民衆の指導に当る人々の意識の中には、「賤吏といえども神勅正統の職」という一定の自負心と責任感がいだかれていた。この責任感の内容をもっともよく言いあらわしているのは、これも同じく平田篤胤の教えを直接にうけた下総国松沢村の名主宮負定雄(安政五年＝一八五八歿)の著述「民家要術」にあらわれた一節であろう。その第十五項「村長の巻」には次のように述べられている。

村長といえば軽き者のようなれども、無くてかなわぬ者にして、その大元を糺す時は、かけまくも畏き天皇の勅を蒙り給いて、この四海を治め給う征夷大将軍のその御手先となりて国郡を治め給う領主地頭の代となりて、その所を治むる村長なればば、その心して、己が触れ下の百姓を大切に預りて、政事を専にすべきが常の職分なり。

これと同じ考え方は、当時国学を学んだ地方の名望家層にひろく認められるものであった。『夜明け前』の主人公青山半蔵もまた、まもなく父の跡をついで庄屋になろうとするころ、妻に向ってこんな風に語っている。

……お前の兄さんも面白いことを言ったよ。庄屋としては民意を代表するし、本陣問屋としては諸街道の交通事業に参加すると想って見たまえ、とさ。しかし、俺も庄屋の子だ。平田先生の門人の一人だ。まあ、俺は俺で、やれるところまでやって見る。

しかし、一方に神の委託をうけて民衆の護民官たることを職としながら、他方では封建的な交通制度の管理職として働かねばならないということは、危機的な封建体制のもとでは、当然にときがたい矛盾に直面せざるをえないということでもあった。すでに「徳川様の御威光というだけでは、百姓も言うことをきかなくなって来ましたよ」「一体、諸大名の行列はもっと省いてもいいものでしょう。そうすれば、助郷《すけごう》も助かる。参観交代なぞもう時世後れだなんていう人もありますよ」という会話が村役人たちの間でも一般化していたような時代の中で苦悩した豪農・商の知識人が思想的なよりどころとして見出したものが前に述べた施政受託の弁証であった。しかも、その正統性は、もはや動揺期にある将軍からではなく、とおく古代にさかのぼる神々の心に由来するものとみなされたのである。そしてこうした神意受託のロジックこそ、まさに国学の先人たちによって明らかにされたものであった。

宣長によれば、政治とは「天の下の臣連八十《やそ》伴緒《とものお》の、天皇の大命を奉《うけたま》わりて、各その職を奉仕《つかえまつ》る、これ天下の政」(「古事記伝」十八巻)であり、その委任関係をいいあらわすのがいわゆる「御任《みよさし》」の観念であった。「国治めたまう君々などは、まして御心の限りをつくして天照大御神の大御心に叶いたまわむ御はかりをぞ思おすべき、大御神は、よく治めよとてこそは、つぎつぎに依《よさ》し預け給いけめ。天の下の人草一人も、大御神の大御宝にあらざるはなければ、いかでかおおろかに思い放ちたまうべき」(「臣道」)という理念は、そのまま在地中間層の心理にぴったりするものであった。

しかし、そのような「みよさし」による職責の正統化を容易ならしめたものは、これら豪農層がもともと徳川封建社会の成立によってはじめてその社会的地位を公認化されたのではなく、それ以前から、即ち徳川幕藩制成立よりも古く、すでに地方土着の豪族として、その地域の生活に責を負っていたという家系意識もまたかなり関係していると思われる。再び『夜明け前』を引けば、青山半蔵は十七代前に溯る馬籠開拓の先祖が、さらにそれ以前には、三浦半島の豪族三浦氏より出ていることを知ってわざわざその地を訪れ、同族再会の喜びを味わっているし、同じように前述の菊池海荘もまた、その祖先が九州の豪族菊池氏であることを誇りとしている。いわば彼らは、封建家臣団がその主君に対していだいたあの宿命的な忠誠心（『葉隠』を見よ！）にとらわれることなく、また幕藩政治体制の成立や隆昌、動揺崩壊にかかわることなく、悠久な土着的伝統の中に自己の忠誠心の根源を見出すことができたのであり、その最終的根拠を神々の意志として説明する国学思想は、正に彼らのそうした血統的自負心にふさわしいものでもあったのである。

こうして国学は、一般に政治についての封建的イメージをじょじょに転換せしめることになった。それはまず一般に政治が神意によってなり立つという神秘的なイメージを提示することによって、現在の幕藩体制の政治そのものをもまた絶対的に服従さるべきものとして示した。なぜなら「時々の御法《みのり》もまた神の時々の御命《みこと》」として人はただその時代の政治に「ことあげ」なしに随順すべきだからである。

しかし、まさにそうした非政治的な服従精神は、すべての時代的・歴史的な政治形態に無差別な服従を説いただけに、それだけにかえって幕藩体制への実質的な忠誠心を空洞化するものでもあった。宣長がその「くずばな」において「さかしらなる世は、そのさかしらのままにてあらんこそ、真の自然にはあるべきにそのさかしらを厭い悪むは返りて自然に背ける強事《しいごと》なり」という時、幕藩体制はそれが本来の幸福な世界ではなく、不自然な人為的作為の世界であるとしても、かえってそれを神意のあらわれとして素直に服従すべきだという逆説にみちた「正統化理由」を与えられたことになる。そしてこうした「正統化」はまさに丸山眞男氏のいうように、「現秩序に対する反抗が否認されると同時に、その絶対性の保証もまた拒否する」という意味をもったのである（丸山眞男『日本政治思想史研究』）。凡そ政治的統合を支える人間の忠誠心の意味が、ここではまるでことなった位相のもとにとらえられていることがわかる。人間の心情の世界はもっと広く、深く、神秘であり、「政治」はその形態に無関心に服従するだけでよろしいという思想である。あたかもそれは、ポリス的政治＝人間論に対して、アウグスチヌスが提示した新しい人間論——政治は本来的に悪であり、人間は政治によって決して幸福たりえないという思想を思わせるものであった（cf. F. Neumann, *The Democratic and the Authoritarian State*, 1957）。そこから無政治的なエピキュリアン的態度も可能となり、逆に政治の改革にすべてを投入する革命的態度もまた生れてくる。国学の場合でいえば、前者は本居派の歌学への専心となってあらわれ、後者はとくに平田派のラジカルな政治主義としてあらわれた。

しかし、ここでは本居宣長以後、多彩な分化をとげ、時として激烈な内部抗争をもともなった国学の展開を学説史的に後づける必要はないであろう。私たちの関心は、一般に外国人から National Learning とよばれる国学が、幕末・維新期におけるナショナリズム形成の動向に対し、どのような特徴を与えることになったかという問題である。

前に見たように、国学が封建的教学に対し、新鮮な批判原理となりえたのは、それがいわば従来の人間論のコペルニクス的な転廻をひきおこしたからである。そこに見出された真情《まごころ》こそが少なくとも日本民衆の人間的本質とされ、その本質をもととして形成される神ながらの政治的共同体が「神州」の国がらであるとされた。そこでは、幽顕二界を支配する神々の心がすべてに行きわたっており、人々はただ素直に神々の心にふれて或いは喜び、或いは悲しむだけでよかった。このような政治的共同社会においては、その最高の意志が何であるかを人為の工夫によって探求する必要もない。なぜなら、神々は現にその事迹をこの世の出来事のすべてにあらわしているのだから、人間にとってはただ世の中の出来事をそのままに神意のあらわれとして礼拝するだけでよかった。

こうして、国学の世界においては、神々の生成と人間の生存とは同じ意味のものとなり、その両者を媒介するものは、ただひたすらに「もののあわれ」に感動する人間の心にあるということになる。われわれの問題でいえば、人々が各自に自由でありながら相互に統合されているネーションの意味《イメージ》は、そのような神々の心にふれあうことのできる人間集団ということにほかならない。いわば、眼に見えぬ神々の心のままに動作する群衆としての日本人が、そのままにネーションの意味をおびることになる。

国学において、もう一つ特徴的なことは、それが現世への敬虔な素直さを説くことによって、いわば政治における政体の問題を問わないということである。いかなる政体が善であり、いかなる政体が悪であるかという発想は、そこには存在しない。その区別を説くことは、すでに宣長がくりかえし述べるように、私意をたてるから心にほかならない。神々のたくらみは人間の思い及ぶところではなく、「世の中のよろずのことはことごとく神の御心より出て、その御しわざなれば、よくもあしくも、人力にてたやすく止むべきにあらず、故にあしきをば皆必ず止めよと教うるは強ごと」(「呵刈葭下」)にほかならない。君主政体、共和制、寡頭政治のいずれにせよ、また恐らくはファシスト的独裁制であろうと、それらが神意のはからいであるかぎり、抵抗も批判も無用とされるのである。

しかし、果してこのような神学においては、私たちの問題としているネーションの意義は何か奇妙なものとならないであろうか。ネーションには、一方においてその内部に同質性を保たねばならず、また一面においては自らの意志によって自立するものでなければならなかった。そして、たしかに国学のいうような政治的共同体においては、すべての群衆は神々の心によってひとしく左右されており、たとえばすべて死によって冥界(夜見の国)に赴かねばならない。そこになんらの特権者も存在しないことは明らかであった。しかし、そのような人間集団は、果して自己の意志によって行動する存在かといえば、それは全くありえないことであった。実在するものは神々のみであり、人間はいわばその心の働きにつかえる操り人形のようなものであった。宣長の言葉でいえば、「さて世の中のことは、みな神のみはからいによることなれば、顕事《あらわにごと》（＝人間のふるまい）とても、畢竟は幽事《かみごと》（＝神々のふるまい）にほかならねども、なお差別あることにて、その差別はたとえば、神は人にて、幽事は人のはたらくがごとく、世の中の人は人形にて、顕事は、その人形の首手足などありてはたらくがごとし」（『玉くしげ』）ということになる。ここでは人間的な「一般意志」というものはありえない。考えられることは、神々の意志にしたがってもっとも素直に動作するものがこの政治的共同体の最高の統一者であるということであり、もしネーションをいいうるとすればそれはその者の意志に一体化しえた集団ということになるであろう。

もともと、宣長の国学は、よくいわれるようにその極度に洗練された主情主義（＝もののあわれ）と非規範主義のために、実践的・行動的性格には欠けていたとされる。しかし、宣長のあとに出た国学の諸流派——とくに平田派の場合には、かえって強烈な実践性がそこから生れている。幕末＝維新史上、時として異様なほどの印象を残している幾つもの事件は、多く平田派の国学者と水戸学系統の人々によってひきおこされている。

このちがいがどこから来たかは思想史上の興味ある問題であるが、今述べたところに関連させていえば、平田神学の実践性は、前述のような神学を基礎とする現世的日本社会において、もっとも神々の心に近い存在――具体的には神々の後裔としての天皇の心に一体化しようとする衝動から生じている。この衝動は一般の尊皇論や通俗神道の傾向とはいくらかことなっており、幕末期の危機状況と深く結びついたものであった。その特異性を端的にいえば、この衝動が具体的な天皇のペルゾンに志向する傾向がつよく、儒教的尊皇論のそれがなんらかの意味で天皇を「道」とか「徳」という普遍的原理の象徴としてとらえようとしたのとことなっている。平田国学において天皇は、そうした儒教的天理もしくは「王道」思想によって崇拝されたのではなく、その実存そのものが神々の心のあらわれとして、そのまま帰依の対象とされた。これは一つには空理を排して感覚的実在を重くみる国学一般の思考様式と結びついており、その点ではなんら平田派の特徴ではない。儒教において現世的政治と「天」の理念とは一たび切りはなされているのに対し、日本では「大御神の御真子《みまなご》」としての天皇の実存が、神ながらの政治共同体の実在を感覚的にも立証しているとされた。

ただ本居派においては、これまでにも述べたように、政治批判や政治論議への消極性が濃厚であったのに対し、平田派の場合は（基本的にはみよさしの論理がつらぬかれ、したがって本居派と同様に身分的秩序をこえた政治論議は否定されたが）、篤胤の強烈な個性の影響と、その学問の中心が江戸にあったことからする、時代の危機的状況への過敏な反応とのために、とくに幕末期に入門した若い「歿後の門人」の世代は、たんに心情的な天皇崇拝にとどまることができず、激しい実践の場に移ろうとするものが多くなった。『夜明け前』には、万延元年のころのその動きが次のように描かれている。

> 平田篤胤歿後の門人らは、しきりに実行を思うころであった。伊那の谷の方の誰彼は白河家を足だまりにして、京都の公卿連の間に遊説を思い立つものがある、すでに出発したものもある、江戸在住の平田鉄胤その人すら動き始めたとの消息すらある。

もちろん、こうした機運は各藩の尊攘派の武士層からも広くおこりつつあった。水戸と薩摩の浪士たちによって行われた万延元年の井伊大老暗殺は、いっそうそうした直接行動の気勢を高揚させたが、それにまきこまれたものは、武士層ばかりではなく各地の郷士・豪農層もまたそうであった。たとえば、文久三年二月、京都に足利将軍木像梟首事件という不気味なテロ（?）がおこっているが、その事件関係者一七名のうち、二名をのぞいてすべて平田派のいわゆる「歿後の門人」であり、そのうち二名以外はみな安政年間以降の入門者で、とくに文久二、三年の入門者は九名をかぞえる。年齢も二十代のものが八名、あとが三十代前半のものであるが、ここにも内外の危機に苦悩する民衆的知識層の動向が反映しているものとみてよいであろう。この一七名のうち名主、豪農、郷士、織元、肥料商、綿商などの身分から出たものが七名、儒者、医師、神官など民衆的立場に近い知識人四名、あとが下級武士出身者であるが（以上の史料は、浅井昭治氏「足利将軍木像梟首事件」による）、このような傾向からみても、尊皇攘夷の熱烈な行動によって、新たな社会のヴィジョンを実現しようとする人々の大凡の社会的拡がりが想像されるであろう。

もともと国学の教えは、将軍家を以て天皇政治の「御手代」とみなし、それ故にまた幕府への忠誠がそのまま天皇の御心にしたがうことになるというものであったが、安政期以降、朝廷がしだいに政治の前面に浮び上ってくるにつれ、天皇の意見と幕府有司の決定とがくいちがっているという実際の、もしくは空想化された認識がひろくそれらの階層に浸透しつつあった。そして、あたかも幕藩体制は、農民一揆の衝激と、開港貿易による経済変動の影響とによって、ますますその権威を民衆の中において崩壊しつつあった。それらの諸矛盾にもっとも現実的に苦しめられたものが上述の在郷的中間層であったことは、たとえば青山半蔵の場合を見ても明らかであろう。一方にはますますきびしい封建領主権力の収奪の手先となり、他方では農民同志の「山論《さんろん》」のもめごとを仲裁しなければならないという立場にあって、古代日本の幸福な政治社会を思い描いていた半蔵は「同志打ちは止せ、今は、そんな時世じゃないぞ」と誰彼となく叫びたい気持にかられていた。こうした気持が収斂されてゆく時、すべてそれらの諸悪を排除しえない幕府は、もはや天皇の御任《みよさし》＝御手代の資格を疑われねばならなかった。幕府への不信がつのるにつれて、天皇への翹望《ぎょうぼう》＝「恋闕」の心はいっそう高められていった。彼らにとって、天皇親政こそがすべてそのような矛盾を解決する唯一の方法として、しだいに眼に見える政治的可能性として浮び上ってきた。

すでに安政五年の違勅調印問題いらい、あれほど熱烈な封建的忠誠心の持主であった吉田松陰が、その不屈不撓の「規諫」の試みを断念し「征夷は賊なり」の認識を固めるにいたったことは前に述べた。攘夷実行の前提として、何よりもまず天皇の心に一体化することこそが根本であるという「恋闕」の心情もまたそこにおいて確立された。こうして天皇イメージがあらゆる既成のイデオロギーから解放され、人間の心情そのものの求道的対象としてその意味をかえたとき、そこに異常な行動エネルギーが生れることになる。松陰の歩んだ道と同じ道をこれら「草莽の国学者」たちもまたつき進むことになったのである。

もっとも、これらの国学者たちの前途に待っていたものは、明治維新後の大いなる幻滅と挫折であった。青山半蔵の運命は、多くのその同志たちの運命でもあった。彼らが純粋な心情において思い描いたユートピアは決して実現されず、そのかわりに明治国家という新たな権力が作り出された。彼らの心情をもしなんらかの意味でナショナリズムとよびうるとしても、その思想を排除し、無視することによって、明治国家は自から別のナショナリズムを日本民衆に与えることになった。しかし、それらのことがらは別に次章において問題とされる。ここでは、さらにもう一つの社会階層——一般民衆の立場を簡単に見ておくことにしたい。

5

そもそも天地開闢よりわが大日本は、かたじけなくも、天津日嗣のしろしめしたもう天皇の大御国にして、四海の内禽獣草木土石塵埃にいたるまで皆天皇の御物にあらずということなし。

ここに御当国の義は、寛永の度より徳川氏の支配となり、享保の度より雲州の御預所となり、郡代交代してその国政を関《あずか》りとる。ここを以て幕府をさして君父と称し、国民その名義を失い、恐れながら天皇の御仁沢を戴き奉るということを知らず。我ら鄙賤のものといえども、つねにこれを歎きて止まざれども、また他にこの旨を語り示して開明になすこともあたわず、ただ我が力の及ばざるを痛慨いたすのみにて、荏苒《じんぜん》今日にさしうつり候折柄、外夷日々に切迫、皇国未曾有の大患（略）かたじけなくも祖先以来父母妻子にいたるまで養育せしめ、ひとしく年月を送り、あるいは富み栄えて鼓腹歓楽にいたるまで、ことごとく天恩を蒙り奉り候、然れば自己の身命にいたるまで皆天皇の御物にして、毛頭我ものにはあらず、ここを以て鄙賤をかえりみず、身命をなげうって尽力いたし、皇国の民たる名分を尽さずんばあるべからず。ここに開明をとげ、同志いたすにおいては、これまで鄙賤を唱《い》い、因循苟且《こうしょ》いたしおり候ものも、今日より皇国の民たるべし。（略）（昭和八年刊『隠岐島誌』）

これは、時代はやや下るが慶応四年三月、隠岐島民およそ三〇〇〇人が武力によって松江藩郡代を追放し、いわば「隠岐コンミューン」というべきものを宣言した時の島民へのアピールである。この民衆蜂起の思想は、その文章からも想像されるように、やはり国学のそれであった。隠岐の島にも、本居派の国学を学んだ神職、庄屋、地主がかなり多くいたが、彼らは孤島という地理的条件にも恵まれて、かなり短い期間ではあったが、一時的にその政治的ユートピアの樹立に成功した。それは、封建的藩国制の権力を民衆の武装によって排除し、「朝廷の愛民」という統一的意識によって団結し、外国勢力の侵攻に一致して当ることを誓った小さな政治的共同体であった。当時、隠岐の人口は凡そ四万人、ちょうど日本の人口の千分の一より少し多いぐらいであったが、この孤島に出現した短期間の事態は、たしかにE・H・ノーマン氏のいうように「一般に、隠岐の事件は、維新後数年間における日本の経験の縮図である」

(『日本の兵士と農民』)といってよいものであった。いま、武士団、豪農・商とならべて、一般民衆とネーションという問題を考えようとするとき、まず私たちの心に浮んでくるものは、この「島国」(!)の民衆の運命にほかならない。

この事件は、文久三年(一八六三)、藩庁の励奨に応じて、辺土防衛のための農兵が組織されたことに始まる。その組織理念はすでに見た国学的なそれと大体同じものであった。ところが、その数年後、慶応三年になって、藩庁はこれら農兵の成長を嫌って抑圧方針をとるようになり、すでにかなりよく訓練された愛国的自衛共同体に転化していた島民組織に対し、その活動を制限しはじめた。そして慶応三年五月、隠岐本島の国学者、神主、庄屋、豪農層七三人が連名して「文武館」という自主的な教育機関の設立を藩庁に出願したとき、藩の封建官僚たちがにべもなくこれを拒絶し「汝らは肥料を取扱いて御年貢の勘定をなさばたれり。武芸の修業はこれをなさずとも汝らの恥辱にあらず、しかるにかかる歎願をなすは、汝らがこの国の大将たらんと欲するにあらずや」と侮辱的な言辞を弄するにいたって、封建的藩権力と組織された民衆との対立は明確となった。あたかも、その十月には将軍家の大政奉還が行われ、翌年一月には鳥羽伏見の戦争がおこった。その報道がこの島に到着するのはおくれたが、幕府倒壊の知らせとともに、島民は郡代追放を決議して立ち上った。「御一新の御場合をもって天朝御領とあいなり候あいだ、早々この地を御退去なさるべく候」というのが、彼らの郡代につきつけた決議文の文句であった。

彼らは、こうして、まさしく「この国の大将」となった。そして幕藩権力の出先機関を追放し、直接に「天朝の愛民」たることを宣言したわけである。彼らは、天皇の心に直接に結びついた平等な人間の組織体として自覚し、その間に介在する中間的権力を否定することによって、自治的な政治共同体を樹立することになった。それはほとんど自由と平等と友愛を原則とする「ネーション」の純粋培養形態といってよいものであった。ただ、その正統性の根拠が具体的な天皇の自然意志に求められ、純粋な個人の意志の統一形態——あの「一般意志」という抽象的実体に求められたのでないことがちがっていたが。

しかし、そのことがまたこの短命なコンミューンの運命をも決定した。自治政府が成立して二カ月後、事態の急転に狼狽した藩庁は事情に通じない新政府の太政官にとりいってこの「反乱」鎮圧の命をとりつけた。

島民は、さきにも見た菊池海荘らの場合と同じように「日本人同志の取合い」は無意味という見地からか、あえて藩庁の送った軍隊に大規模な抵抗をすることはさけ、島民の側から死者一四人を出しただけでことはおわった。

後日、明治四年になって、改めてこの事件の取調べが行われ、藩庁側の非違が明かとなり、島民側若干名とともに、喧嘩両成敗的な軽い刑が科せられてすべての結末が来たのである。

維新史の過程に生じたこのエピソードは、日本ナショナリズムの運命を考えようとするとき、無限に興味ある論点を提供してくれる。たとえば、もしこの隠岐のコンミユーンに似たものが全国各地に凡そ百くらいも次々と出現し、中間的権力機構をそれぞれに排除して全国的にゆるやかなコンミユーン連合ができたとしたなら、その後の日本国家はどうなっていたろうか、というように空想してみることもできるからである。もちろん、それははじめ局地的なパトリオットの組織にすぎないから、そのままではまだネーションとはいえないであろう。しかし、もしそこにたとえばなんらかの外国からの軍事的な脅威が加えられたとするなら、これらのコンミユーン連合は、前に引いたあのフランス民衆のように、身分と年齢の差別なしに武装して立ち上ったであろう。そして、その戦いを通して日本に真のネーションの意識が形成されることになったであろう――その場合、天皇がどのような地位を占めることになるだろうかは想像することがかなりむずかしい。しかし、皇室はフランスにおけるルイ王朝ではなく、むしろそれらのコンミューン結成の目的原因というべきものであったから、恐らくそれはコンミューン連合の統一的シンボルとして、なんらかの形でネーションの中核的地位を占めることになったであろう。もちろん、幾つもの重大問題が連合の組織と天皇の地位をめぐって生じたであろうことは十分に想像される。しかし、主権がコンミューンにあるという原則は恐らく自明の意識として定着し、したがって、明治以降におこった主権論争や議院設立をめぐる大論議などはおこる余地はなかったかもしれない――

もちろん、これは行き過ぎたしかも不器用な空想にすぎないが、隠岐の「反乱」はそうした空想をそそる要素をもっている。事実、王政復古からの数年間、現実に新政府を組織した人々の間でも、近い将来における日本国家のイメージはなんら確定したものではなかった。たとえば、明治四年、例の岩倉使節団の外遊中、そのメンバーのあるものたちは、共和制でなければ日本はやっていけないであろうとさえ考えていたのである（『明治聖上と臣高行』）。

ところで一般に幕末期における民衆の意識を問題とするとき、しばしばいわれることは、彼らが外国人に対して、武士層とことなり、敵意を示すようなふるまいがきわめて少なかったということである。会沢正志の意図したように「民をして戎狄を賤しむこと犬羊のごとく、これを醜《にく》むこと豺狼のごとく」ならしめることは、全体としてほとんど成功したとはいえない。平戸藩主松浦静山が天保年間に書きつづった「甲子夜話」の中にある周知のエピソードによれば、漂流した、日本人漁夫の目に映った外国人の姿は、決して封建支配者のいうような「豺狼」ではなかった。

> 異国人の猟師を撫恤すること船中の人を取扱うと同様に隔心なき故、此節は彼船にて相凌ぎ炎天の節は冷水をあたえ、病気の節は薬をあたえ、大いに力を得候事多く、吾等の力に及び兼候鯨魚を捕候のみにて漁猟の妨に少しも相成らず候を、何故に公儀にては異国人を讐敵の如く御扱い成され候也、云々

また、これもよく諸書に引用されるものであるが、イギリスの初代駐日公使となったオールコックが見た日本民衆の態度もまた、決して排外的憎悪心にみちたものでは

なかった。この観察が書かれたのは、文久元年（一八六一）一月のことで、あたかも開港、貿易の影響によって、一般的な物価騰貴が生じ、そのための生活困難をもっぱら外国貿易のせいだとする排外宣伝が攘夷論者にとって有利にひろめられていたころである。

……本官の経験からしてもすべての消費物資は一般に騰貴しており、これが民衆の不満の原因とされていることは本官も知っているが、……しかも本官は、いまだに外国人に対する民衆の悪感情や敵意の徴候を見ることができない。侮辱や脅迫をうけるとしても、それはあくまで両刀を帯びた者たちからであり、この階級からだけなのである。（『大君の都』岩波文庫版、中）

この種の観察は他にも少なくない。たとえば、時代は少し古いが文化八年（一八一一）国後島で日本側にとらえられたロシアの海軍軍人ゴロヴニンの『日本幽囚記』には、日本人の性格や特質についていくつもの興味ぶかい観察が述べられているが、そこにもまた日本民衆の善良さを示すような記録が少なくない。

〔一八一一年〕七月十三日早暁、ある小部落の傍に舟を停めて、朝食をとった。村中の住民がわれわれを見物しようと、海岸に集まって来た。そのうち身装いやしからぬ一人の老人が、朝食と酒を振舞いたいと、護送隊員の許可を求めた。護送隊ではそれを許した。老人はずっとわれわれの傍に附き切りで、給仕ぶりを監督していたが、その表情を見ると、心からわれわれに同情していることがわかった。第三者からわれわれの不幸に対しこれほどの心づかいを受けたことは、大いにわれわれを慰めた。われわれは日本人を好意的に考えるようになり、〈彼等は、西洋人を獣のように軽蔑する、たんなる野蛮人ではないぞ〉と思った。（『日本幽囚記』岩波文庫版、上）

こうした記録を見るごとに、私たちを困惑させるのはこうしたいかにも心温る日本民衆のヒューマニズムと、その時代の封建支配者たちのファナティックな排外主義との対照をどう考えるかという問題である。そして、さらに押し進めていえば、そうした心やさしい民衆こそが恐らくまた隠岐の島コンミューンの主力をなしていた人々と同じものであろうという想像も自然と浮んでくる。ここでは、もっとも排外的でない民衆が、同時にまたもっとも不屈の防衛共同体の中核をなすであろうという予感がともなっている。そしてその逆に、しきりにファナティックな排外主義を唱える者こそが、場合によってはたんなる自己利益の擁護者となり、民族生活の破壊を無関心に傍観するであろうという事態もまた想像に浮んでくる。事実、文久元年(一八六一)三月、ロシア軍艦ポサドニックが対馬占領を企図して浅茅湾の芋崎に上陸してきたとき、そこに生じた事態は、まさにそのような想像をうらづけるものであった。

この事件の論評は、羽仁五郎『明治維新』にはじめてとりあげられ、井上清『日本現代史』にもくわしい記述があるので再説はさけるが、問題は藩主側が芋崎付近の地をロシアへ貸与するもやむなしと考え、その場合には「これまでの家中以下に至るまで扶助仕候地所成下され候よう歎願仕り候」として、相当の替地を幕府に対し請求していることである。封建支配者層は対馬を放棄し、内地のどこかに移住して同様の封建貢租にありつこうとしていた。そして他方では替地転封ということのありえない民衆は、一斉に立って侵入者に抵抗しようとする姿勢を示し始めていた。その混乱のもようは、「……国中の動揺とまかりなりそのうち大船越村ならびにもより村々よりは老人、少女ら府下へ立退き、州中一同人気立ち、重役どもは彼我の間に挟り双方心配狼狽に及び候につき、魯人はますます軽蔑いたし、強威を示し、品々難題申しつのり、領主ならびに家老どもは勿論、問情役においても内外の騒動にて心痛いたし、云々」(『開国起源』下)という当時の報告書によくあらわれている。もちろん、藩主以下この未曾有の危機にのぞんで、その結果が日本の国威をはずかしめ、祖先の名をはずかしめるにいたることをひどく恐れてはいたが、それはどこまでも封建領主の自負心と誇りに関係するものであって、生活者としての民衆の意識に結びついていたわけではない。要するに私たちは、これらの事実をとおして、封建支配層一般と民衆との間に、その品位においてかなりのちがいがあることを認めざるをえない。水戸学以来の愚民・猾民観の意味を読みかえてみるなら、それはかえって封建地代にどこまでも依存しようとする武士階級の狡猾さと心の狭さを示すものということになろう。ノーマンのいうように「数百年にわたる鎖国と組織的支配をもってしてもなお、封建的支配者が人民を動物的にしたり、狂信的排外主義者に変えてしまったりすることはできなかったという証拠が沢山あることは、人民一般の先天的人間性と品格の偉大な力による」ものということができる。しかも、これらの民衆は自らの自立を守るためには、武器をとる勇気をも失っていなかったのである。

しかし、この同じ問題を考えるために、もっとも重要な材料となるものは、やはり文久三年六月、長州に組織されたより大規模な農兵隊――奇兵隊をはじめとする諸隊の結成であろう。これは伝統的な封建的正規軍の組織原則から自由に、門地出身にかかわりなく平等な隊員の組織としたほか、のちには一般民衆からの参加をも認めたもので、その意味では新しい国民軍の萌芽形態というべきものであった。このような破格な軍隊組織を立案したのが高杉晋作であったことは周知のとおりであるが、彼のその着想の出発点は、従来の藩兵の戦闘能力に対する不信感であったといえよう。門閥・身分によって戦闘序列が定まり、実力あるものの自発性が認められないような軍隊には戦闘力はないというのが彼の根本認識であった。文久三年六月七日、高杉が上申した奇兵隊組織方針の第一条には「奇兵隊の儀は有志の者相集候儀につき、藩士・陪臣・軽卒を選ばず、同様に相交り、専ら力量をば貴び、堅固の隊相調え申すべく、云々」とあるが、そこにも彼の能力中心主義が明確にあらわれている。しかも、その翌日、藩重役前田孫右衛門宛の書簡を見ると、そのいわゆる「有志の者」は、「軽卒以下に多く御座候、この一事にて万端御推察下さるべく候」とあって、能力と政治意識を軍隊の組織原則とする以上、その隊員徴集の方向がいっそう下降し、農・庶民層にまで及ぶであろうことが予測されている。それどころか、のちに高杉の書いた書簡によれば「士庶を問わず、俸を厚くして専ら強健の者を募り、その兵を馭するや、賞罰を厳明にせば、たとえ凶険無頼の徒といえども、これが用をなさざるということなし」(『東行先生遺文』)とあって、社会的脱落者を包容することをも辞さないという姿勢がうかがえる。事実、元治元年中期における奇兵隊員の出身別比率を見ると、武士身分が四三%、庶民身分が三三%、残りが凡そ二四%という結果があらわれているが、その庶民のうちに「山伏」とよばれる職業の出身者がきわめて多いことに注意をそそられる(数字は梅溪昇『明治前期政治史の研究』による)。

要するにそれは武士層によって指導された雑然たる階層出身者の混成組織であり、なかにはかなり乱暴な連中も加わっていたであろうことは、当時の奇兵隊員三浦梧楼の回顧録(『観樹将軍回顧録』)などを見ても彷彿とする。この奇兵隊とならんで、同様な国民軍的傾向をおびた諸隊の結成があいつぎ、慶応初年には総数一五六に達しているが(時山弥八『稿本もりのしげり』)、ここで問題となるのは、こうした新しいタイプの軍隊が、日本ナショナリズムの形成という視点からは、どのようなものとして評価されるかであろう。

すでに見たように、この非正規軍の構成分子は武士と農民、町人、その他の雑階級出身者であった。そのうち武士は、本来藩庁の正規軍の中に一定の地位を占めているはずだが、諸隊に入ったのは多くは身分が低く、正規軍内ではその能力を十分に発揮しえない下級武士たちであった。もちろん、その他にこのころ各地から流入した浪人・脱藩者たちも多く入りこんでいた。諸隊の中核を形成したのはこれらの人々である。そして彼らの思想の中心にあったものが尊皇攘夷の先駆たらんとする急進主義であったことは想像にかたくないであろう。彼らは、伝統的な藩庁の指揮系統に対してはかなりの不満をいだき、時として藩庁の制止をも無視するようなエトスの持主ではあったことは否定できないが、しかしそれだけではなお、彼らにすべての身分をこえたネーションの軍隊というヴィジョンがあったとはいえない。

一方、民衆の側にも問題があった。たとえば武士についで比率の高い農民出身兵の場合をとっていえば、彼らが果して封建社会に対しどれだけ徹底した反対者であったかは必ずしも明らかでないというのが通説のようである。たとえばE・H・ノーマン氏のような公平な歴史家が奇兵隊、諸隊の性格について「〔長州藩が〕農民を封建制のくびきから解放し、その解放されたエネルギーを倒幕闘争に用いる必要をみとめていたかぎり、その奇兵隊が反封建的であったのは、意外なことではない。このようにして、奇兵隊は、上から統制され、幕府に向けられた一種の農民反抗」である、と書いたのに対し、遠山茂樹氏はその「農民反抗」云々の規定に反対し、これら「農商兵は農民一般、町人一般から、分裂させられ、切り離され、武士身分に引上げられて、組織されているのである。大衆から孤立した庶民個人には、本来もつべかりし反封建エネルギーは喪失せしめられている」(『明治維新』)ことを理由に、諸隊の成立そのものが体制内反対派たる尊攘派下級武士層に利用された結果であり「民衆の闘争の勝利の成果ではなくて、民衆の力のある昂りをもちながら、それが分裂せしめられ、歪曲せしめられ、利用せしめられた敗北の表現であった」と批判している。要するに奇兵隊以下の諸隊を、たとえ上からの統制があったとはいえ国民軍的風格をもっていたとするか、そもそも高杉晋作らによって組織されるにいたったその時に、すでに反封建的=国民軍的性格を失っていたと見るかの違いである。

この問題は、少なくとも『奇兵隊日記』その他の根本資料によって判断するかぎり、諸隊の内情を「革命軍」とみることはおろか、それを封建制度に対する根源的な反抗エネルギーをなんらかの形で組織したものとすることは到底主張しえないという印象が拭いがたい。梅溪昇氏の表現でいえば「封建的武士身分に対する憧憬意識が強かった農民は、自己を一般農民と区別し、いわゆる志士として封建武士的に行動せんとしたのであって」「隊の指導的立場にあった下級武士が、もし農民を利用したというならば、こうした意識を利用したというべきであろう」というのが即ち諸隊に参加した平民身分の姿勢であったことになる。少なくとも関係史料の中には、そういう判断を容易ならしめるものの方が多く、その逆はむしろ少ないようである。奇兵隊以下の諸隊が素晴らしい戦闘力を発揮し、強兵の名をとどろかしたことは明らかであるが、要するにその本質は、さして驚異とすべき新しさを含むものではなかったということになる。

しかし、この問題についての論議はここでの主題ではない。ただ、幕藩体制への潜在的反対者たる下級武士層によって組織され、指導された一般民衆から分裂せしめられた民衆の軍隊組織という図式は、維新後に展開した政治史上の事態に照らして、きわめて示唆的であることはたしかであろう。もし、遠山、梅溪氏らの分析が正しいとするならば、奇兵隊・諸隊に参加した人々は、強烈な身分的上昇意識のエネルギーによって支えられ、そのことによって、民衆そのものから疎外され、やがて旧封建身分と劣らぬ身分意識をいだくことになるのであろう。とすればそこには、決して自由で平等なネーションの意識があったとはいえない。むしろかえって、これら諸隊から出て後年名をなした多くの知名人に見られるように、そこからは実力・能力を価値基準とする新たな階層制への傾向が増幅されてあらわれているといえよう。それは、その後の日本におけるネーション形成の固有の表現となったものにほかならない。たとえば、『奇兵隊日記』第一の中に「奇兵隊の義はいわゆる烏合の衆にて候故、もっぱら専制を以て相始《ママ》め申さず候ては軍律も相立たず、云々」という記事があるが、一般民衆から立身のコースに移行し来ったものを「烏合の衆」としてきびしい「専制」のもとに教化・統合してゆくやり方こそ、その後の日本政治の基本的な戦略となったものである。そこでは、ネーションは専らそうした「専制」に服従しつつ、自らまた専制の技術を身につけた特権者によって階層的に支配される集団の名となるほかはなかった。

　奇兵隊・諸隊とあの隠岐コンミューンの場合とを別つものは、後者がただ幻想の中にネーションのイメージを彷彿させるのに対し、前者は、きびしい現実のロジックにみちびかれて、ありうべきものの中から唯一的に選ばれたコースを示していることであろう。この両者をそのように区別すること自体いくらか空想的であるかもしれないが、奇兵隊・諸隊の経験の中には、隠岐の場合よりもはるかに苦い歴史の縮図があると思われる。

ともあれ、解体期にある封建的社会階層の内部から、あらゆる衝動の変化形態をともないながらも、新たな統合を求める志向が噴出しつつあったことはたしかである。そして、その多様な志向の収斂するところが、究極的には幕藩体制への忠誠をこえた「神州」「皇国」「天朝」「天皇」等々のシンボルであったことはすでに見てきた。隠岐の住民たちのいう「自己の身命にいたるまで皆天皇の御物」という意識は、社会各層の立場に応じて、それぞれことなった解釈をはらみながらも、この時期の日本人のあらゆる思想と行動を規制する重要な力となりつつあった。それは、新たに生れた一種の「神話」にほかならなかった。しかしそれは歴史の危機的転換期において、必然的に人々の内奥をとらえるような、そういう種類の神話であった。

一般にネーションの起源を茫漠たる過去に求め、ついには天地創成の神々にまで溯るという傾向は世界の各地域に見られる現象である。F・ハーツの述べるように、

「少なくともその進化途上の一時期に、自己の起源をとくに高貴なものと主張しなかった民族があるかどうかは疑わしい」であろう。こうしてあのいかにもしぶく大人らしいイギリスにさえ十九世紀のころにはアングロ＝イスラエル同一協会（Anglo-Israel Identity Society）などという奇妙な会があって、イギリス人はバイブルにあらわれるイスラエル十支族（Lost Tribes）の後裔だと大真面目に主張したというが（cf. Shafer, *Nationalism, Myth and Reality*, 1955, p. 20）、こういう考え方はすでにミルトンあたりに始まっているという。ミヘルスは、この種の民族神話をフランス、デンマーク、ドイツ等々について例示したのち次のように述べている。

民族が先験的もしくは神話的な発生形態をとったという仮定の背後には、民族と神とが解きがたく結ばれているという思想がよこたわっている。民族は神々もしくは神族の愛民であると自らみなすのである。しかしまた、かかるものとして、民族は神の意志の道具となる。その意志は、探知しえない神意という性質を脱ぎすて、ある民族に対する具体的な配慮という責任範囲に関心を集中するのである。

このような観念は、ナショナリズム形成以前から、多くの民族によって抱懐されたもので、ネーションというより、むしろ人種の神聖起源説というべきものであろう。しかしまた、それがナショナリズムの意識を培養する有力な源泉の一つであったことも否定しがたい事実であった。再びハーツを引けば——

　古代チュートン族は、大地から生れたトウイスコ神の子、マヌスの後裔であると主張した。アテネ人もまた、自ら大地神の子であることを大いなる誇りとしていたので、アンチステネスは彼らを同じく大地から生れたなめくじに比べたものである……近代ナショナリズムにおいて人種の観念の果した役割はひろく知られている。選ばれた民に神の使命がさずけられるという観念は、バイブルに語られているようにイスラエル人の歴史の骨格を形成している。しかし、神からの使命をさずけられていると教えられたのは、決して彼らばかりではなかった。すべての偉大な民族はもとより、小さな民族でさえ神によって特殊な任務のために選ばれているという観念をいだいた時期がある。

幕末期日本の封建的知識層をとらえた「神国」思想もまた、概括的にいえばそれと同じ性格のものにほかならない。彼らのそうした意識は、まず何よりも現実の社会体制の矛盾への苦悩にみちた意識から始まり、その社会的矛盾を隠蔽する封建教学——とくに儒教的世界像に対する批判と結びつくことによって、人間の心の素樸な状態を象徴する古代日本への憧憬へと発展していった。とくに日本において、最古の家族としての皇室が継続していることは、そのような神話的憧憬に具体的な内容を与えるに役立った。イスラエルの民の場合には、神意によって選ばれているか否かは、自らの信仰的実践によってしか確かめられなかったが、日本では、自ら神々の後裔であることを信ずるためには、具体的に実存する天皇の意志に服従することで足りた。

この時代にまた、民族の使命観（Missionsidee）がその萌芽をあらわしていることが注目される。すでに宣長において、天皇を以て世界におけるもっとも神聖な「総君主」とみなし、日本を世界の中心であるとする考えがあらわれているが、その傾向は篤胤にいたっていっそういちじるしいものとなる。篤胤によれば日本は「万国の祖国にして、天皇命は万国の大君」であった。そのことを立証するものが日本の天地創成に関する神話であり、現実の日本国の優秀さであった。篤胤によれば、世界各地に見られる民族生成の神話・伝説の類は、すべて日本のそれが歪められて流布したものにすぎないとされるが（『古道大意』その他参照）、この信念は、明治期になってからも、教学の担当者となった平田派の人々によってうけつがれたものである。

凡て外国の古伝は皇国の正伝の転訛なれば、我れの正伝を本とし、之を質正し、我に符合する説のみを採用すべきこと（明治六年七月、大教院制定の「教書編輯条例」第八条）

しかし、すでに見たように、こうした人種中心的ナショナリズム（Ethnic Nationalism）は、古代以来の一般的形象であって、決してそのまま近代的ナショナリズムと同じものではない。それはいわば後者の形成に先立つ過渡的・媒介的な神話の作用をいとなむにとどまり、国民国家というより一般的なナショナリズムにおいて、本質的な意味をもつものではない。平田派神学者たちが、明治六、七年以降、しだいに政治と教育の中心的立場から排除され、『夜明け前』にも描かれたように失意の中に陥ったことは、そのことを示しているといえよう。

第二章　国家と人間

1

　嘉永癸丑の黒船がひきおこした思想的衝撃が、幾多の流動分裂をはらみながらも、しだいに天皇を中心とする古代的政治形態の理念へと集約されてゆく過程はこれまでに見てきたが、それをもしナショナリズムという用語によって表現するならば、人種中心的（Ethnocentric）なナショナリズムもしくはたんに人種主義（Racism）というべきものであろう。そして、一般にそのようなエスノセントリズムが、ルース・ベネディクトのいうように、民族の優秀性に対する信仰を核心とし、いわばカルヴィニズムが人間を初めから救いに予定されたものとそうでないものとに分ったように、地球上の民族が先天的に優秀なるものと劣等なるものとに区別されているとする神学を含むものであるとするならば、日本はすでに幕末期において、かなり高度に洗練されたその種の思想をもちあわせていたことになる。平田篤胤などはその見地から、歴史的・文化地理学的に日本人と風土の優秀性を説明するだけでは足りず、身体骨格の構造にまで及んで、日本人種の優秀さを力説しているが、そこにはどこやらゴビノーや、H・S・チェンバレンなどの人種理論の早熟な先駆を思わせるようなところさえあった。そして時代的には篤胤の方がかえって何十年か先行していたことになる。

すでに見たように、このような民族的優越意識は、多かれ少なかれ選民思想と結びついて、古来多くの民族の間に見出されたものであり、日本の場合だけをとくに奇怪な例外とみるには当らない。それどころか、実はこうした選民意識が、日本の場合には、近代ナショナリズムの形成にきわめて有効な貢献を果したと見る研究者もいるのである。

恐らく日本人も〔ギリシャ人やユダヤ人と〕よく似た選民意識をもっていた。……もちろん日本は近代ナショナリズムの形成においてなんら重要ではない。しかしこの日本人の態度が、ユダヤ＝ギリシャ的伝統のない地域において、日本人が近代的ナショナリズムを採り入れるのに成功した最初の民族となったという事実を説明す

るかもしれない。(Hans Kohn, *The Idea of Nationalism*, p. 584)

この解釈がどこまで正当であるかはかなり問題となるであろう。ハンス・コーンは、ここではギリシャ人とヘブライ人の文化的・宗教的使命感を論じるついでに、日本人のことに言及しているのであるが、そこでは彼は「政治的、人種的、地理的連続性よりもはるかに強力な文化的連続性」の持主としてこの二つの民族をあげ、その連続性を支えるものを民族的使命感と呼んでいる。そして日本人にも、その種のものが認められるというのである。

しかし、恐らくこのような見方は、日本の近代ナショナリズムの構造について、必ずしも十分な検討を経たものではなく、かなり外形的な見地からいわれたものにすぎないであろう。というのは、後に見るように、明治以後に展開された日本のナショナリズムは、たしかにあるいは「東亜経綸」の理想をかかげ、あるいは「八紘一宇」の使命感にみちびかれはしたが、その実体が純一な文化的・宗教的使命感であったと見ることはきわめて困難だからである。そればかりでなく、すぐ以下に見るように、日本の近代的ナショナリズムは、ある意味では日本神国思想の巨大な挫折の上にきずかれたものにほかならなかった。そのことをもっともいち早く示しているのが、新政府のとった開国方針そのものに対する幻滅感であろう。

何よりもまず尊攘精神にこり固った人々にとって心外であったのは、新政府による開国宣言であった。尊皇は攘夷の目的を達成するための運動であり、幕府は攘夷の意志と能力を欠くがために倒されたはずなのに、新政府は攘夷どころか、進んで外国使臣との接触を求め、天皇との会見までをとりはからっている（慶応四年二月）。これは、彼らにとって奇怪なことに見えた。加藤弘之の啓蒙的な著書『交易問答』（明治二年刊）はそうした疑惑をのべた次のような文章に始まっている。

なんと才助君、僕には一向合点の参り申さぬことがござる。今度御公儀と申すものがなくなって天下の御政事は天子様でなさるようになったから、これまで御公儀で御可愛がりなさった醜夷等はじきに御払攘になるだろうと思うて楽しんでいましたら、やっぱり以前の御公儀と同じことで、加之《これにくわえ》大阪や兵庫にも交易場が御開きになり、また東京でも交易を御開きになさるというは何たることでござろう。どうもこの頑六には一向合点が参りません、云々このような感じ方は、一般民衆層にかなりひろく認められたばかりか、とくに水戸学、国学を心から信奉していた知識層の中にはもっと激烈な政治批判を試みるものが少なくなかった。慶応四年閏四月の「中外新聞外篇」巻之十に「或宮家の重臣某の建白書」として、以下のような痛烈な文章が掲載されているのはその一例である。

……抑徳川氏の大権を朝廷へ復し奉るの根本は、米夷入港以来、重義慷慨の士数万人、身を捨、命を軽じて尊王攘夷のことを主張せしより起れるものなり、因って朝廷において大権御掌握の上は、少しはその死者の幽魂を御慰めこれありたきところ、たとえ攘夷は容易ならざることなりとも、甚しくも醜に参朝を免させられ候御次第柄、忠憤冤罪死罪死亡の者に対せられ、全く人情あらせられざるに似たり。朝廷かくの如きの御有様にては、向後報国尽忠の義士はほとんど絶えはて、無恥軽薄の奴のみ多くまかり成り、人情は日々洋習に推移り、（略）大和魂日々に消して、ついに皇威も行われざるようなり行き、（略）前代の美政全く絶滅仕るべしと悲歎涕泣の至にござ候、云々（『明治文化全集』第十七巻、所収）

記事には「或曰く、知恩院宮様の御内木村大炊なるものの献白なりと、実否未詳」とあるが、この建白書の書かれた同年二月ころには、同様の趣旨の建白書が他にも少なくなかったようである。なかでも当時から有名だったのが、若江薫子という女性によって提出された建白書である。吉野作造の『明治文化研究』によれば彼女は「岩垣月洲の門に学んで和漢の学を修め、あわせて詩歌をよくし、常に皇室の式微を慨し、村岡矩子らと志士の間に周旋せしことは人の知るところである。明治十四年、四十七歳を以て丸亀に歿したが、一時は歌道師範を以て宮中の優遇を蒙った」とされる女性であるが、建白の時にはまだ二十《ママ》三歳の若さであった。しかし、その意見書は前の木村大炊よりもはるかに激越なもので、外国との交際は「往古の諸蕃来朝の例格」にしたがうべきであり、決して対等の国交ということであってはならぬとし、もし外国がそれを承服しないならば、開戦もまたやむをえないというものであった。

西洋は数万里を隔て風土人情も甚だ変異候間、皇国人をして旧習を去り心を変じて西洋人を模倣せしめ候儀は決して相成らざる儀にござ候、尤西洋は只々貨利を貪ぼり、礼儀廉恥を知らず候て、帝王などと相称候ても巨商と同様のものにこれあり候間、皇国などの仁義勇武を風俗と仕り候国とは万々同じからず候、かつ専ら妖教を奉じ、天主を大君大父とし、真の君父を小君父とし、たとえ大罪を犯し候ことこれなく候とも、天主に媚びざるものは地獄に堕落し候などと相唱え候は、実に君をなみし、親をなみするの教にござ候。（略）このままにて洋夷の制を受けさせられ候ては、天下有志の者のみならず、無知の匹夫匹婦にいたるまでみな天朝を憤怒し奉り、離叛瓦解とあいなり申すべく、かの逆賊慶喜大罪を蒙り候本は、外夷交際より起り候間、これまた不服を抱き申すべく、外夷はさておき蕭牆《しょうしょう》の内に大禍を生じ申すべく、もしまた内地大変生ぜず候えば、数年ならずして皇国悉く夷風にあいなり、君父をなみし上下を乱し、妖邪腥羶《せいせん》乱臣賊子の域にあいなるべきは必定の儀と存じ奉り候間、実に痛哭流涕長大息にたえず候、云々（高見沢忠義篇『献策新篇』第一集）

こうした神国思想の持主たちが、維新政権の行き方に深い疑惑をいだき、激しい不信感をもつにいたったのは当然であった。維新の直前、岩倉具視の知嚢として、王政復古の根本方針策定に参画した国学者玉松操の場合もまた、その著しい例の一つである。『岩倉公実記』中巻には、そのことが次のように述べられている。

……大政復古ノ時ニ方《あた》リ、朝廷ヨリ出ツル所ノ詔勅制誥《せいこう》多クハ操ノ起草ニ係ル、明治元年二月、徴士、内国事務権判事トナル、朝廷欧米列国ト締盟ノ事ヲ布告スルヤ、操慨歎シ之ヲ具視ニ詰ル、具視曰ク、宇内ノ形状マタ昔日ノ比ニアラス、列国ト締盟スルハ情勢已ムヲ得サルニ出ツルナリ、操長吁《ちょうう》シテ曰ク、奸雄ノ為ニ售《う》ラレタリ。（略）三年十月、侍読トナル。翌四年正月之ヲ辞ス、五年二月病テ卒ス、文化七年三月ニ生ル、年ヲ受クルコト六十三、二十六年一月、特ニ従三位ヲ贈ラル。蓋《けだ》シ操カ攘夷ノ念ハ終身少シクモ衰ヘスト云フ。

一般に新政府が成立する早々、攘夷の方針をすて、開国政策を宣言したことは、宮廷周辺の人々にとってかなりのショックでさえあった。慶応三年十二月十八日、岩倉は政府に向って次のように告げた。

癸丑以来、朝廷固ク鎖国攘夷ノ説ヲ執ラセラレ、満朝ノ人皆欧米諸国ヲ目スルニ醜夷ヲ以テシタリト雖《いえど》モ、先ニ徳川慶喜ノ奏請ニ依リ兵庫開港ノ条約ヲ許シ、朝議既ニ和親ニ帰セシコト、ソノ跡掩《おお》ウベカラズ、自今朝廷ノ欧米諸国ヲ待遇スル漢土諸国ト同礼ナルベシ。

指原安三の『明治政史』には「この告文に接した公卿始め大いに一驚を喫せりという」と記されているが、玉松操が岩倉にその背信をなじったのも、恐らくそのころのことであろう。たしかに、それは従来いかなる形でも公けに表明されたことのない開国和親の方針が、突如として政府首脳者によって説明なしに宣言されたという印象を与えた。そして、その方針をより詳しく述べた慶応四年二月十七日の政府布告を見ても、そこにはこの大転換に関して、真に尊攘派の人々を納得させようとする熱意は認められない。或いは当時の政府首脳者たちにも、この転換をいかに思想的に説明するかについて、十分な自信はなかったのかもしれない。そこには、ただ「皇国ノ政府ニ於テ誓約コレアリ候コトハ、時ノ得失ニ因テソノ条目ハ改メラルベク候エドモ、ソノ大体ニ至リ候テハ妄《みだり》ニ動カスベカラザルコト、万国普通之公法ニシテ、今更朝廷ニ於テコレヲ変革セラレ候時ハ、却テ信義ヲ海外各国ニ失ワセラレ、実以テ容易ナラザル大事ニツキ、止ムヲ得サセラレズ、幕府ニ於テ相定メ置キ候条約ヲ以テ御和親御取結ニ相成候」として、一方に先帝に責任を転嫁し、他方「万国普通の公法」と情勢の変化が説かれ、「時勢ニ応シ活眼ヲ開キ、従前ノ弊習ヲ脱シ、聖徳ヲ万国ニ光耀シ、云々」と抽象的な訓戒が掲げられていたにすぎない。しかし、それが安政・文久以降、熱烈な思想信条として形成されてきた神国思想にもとづく排外主義に対し十分に思想的責任をふまえた回答にならなかったことは多分否定できない。土屋喬雄氏の『日本社会経済史の諸問題』にあらわれる象徴的なエピソードによれば、薩藩士有馬藤太が王政復古後の攘夷方針をいかにするかを尋ねたところ、西郷隆盛はむしろおどろいた風情で、次のように答えたことが述べられている。

お前にはまだ言わなかったかね、もう云っておいたつもりじゃったが。ありゃ手段というもんじゃ。尊王攘夷というのはね、唯幕府を倒す口実よ。攘夷々々というて、他の者の志気を鼓舞するばかりじゃ。つまり尊王の一言の中に討幕の精神が含まれているわけじゃ。

すでにこのように尊王も攘夷も政治の現実的指導者たちにとっては、水戸学以来の思想原理としての規範力を失いつつあった。文久三年における外国との二つの戦闘は、薩・長のもっとも鋭敏な政治指導者たちの意識に、その信奉した尊王攘夷理念のイデオロギー性を完全に暴露することになった。彼らにとって、恐らくすべて従来思想原理とされたものの無意味性が、意識するとしないとにかかわらず、明確に理解されたといえるかもしれない。そのことが、彼らをして新しいタイプの国家官僚たらしめる転機になったことはたしかであるが、しかし多くの人々はそうした転機を経ることがなかった。そして、とくにその点において誰よりも深い幻滅を味わねばならなかったのが国学者たちであったといえよう。それらの人々にとって、維新後の凡そ七、八年間というものは、無上の歓びと得意の状態から、深刻な思想的挫折感への墜落という経験を味わねばならない時期であった。

すでに前章に見た島崎正樹の末路がいかに暗澹としたものであったかは、その読者にはよく知られているところである。そしてまた、そのような失意と敗亡の境涯におちいったものが青山半蔵＝島崎正樹ばかりでなかったことも、一般の維新史の教えるところである。彼らの主だったものは、維新後の数年間は、新政府の宗教と文教に関する最高政策担当者として、政府＝太政官よりも上位におかれた神祇官の職員となり、古代的祭政一致を実現するためにあの激烈な廃仏毀釈をはじめとして人目をおどろかすようなさまざまな施策を行った。『夜明け前』に記されているように、「本居、平田の学説を知らないものは人間じゃない」とするような熱烈な復古主義のムードの中で、まさに神政国家日本の建設の先頭に立つ概を示したのが彼らであった。すでに慶応三年十二月九日の「王政復古の大号令」にいわゆる「諸事神武創業の始めにもとづき、云々」の字句は、国学者玉松操の献策によるものであったし、そのような復古精神を新国家の基本理念として全国民に宣布宣伝するために勇躍したのが国学者たちであった。彼らにとってそれはまさしく多年の夢想の実現を意味した。

すでに明治元年九月には、玉松操、矢野玄道、平田鉄胤らの奔走によって、京都に皇学所及び漢学所が官設せられた。そして皇学所には、玉松操、平田鉄胤、出雲路定信、渡辺重石丸、長谷川昭道、八田知紀、矢野玄道、山田有年、岡本経春、後醍院真柱らの国学者、神道家があいついで教師に任命せられたのである。最初玉松操らの画策としては、国学を以て和漢洋の諸学を統べる最高の学としたいとの意向であったが、意に任せず、まず国学は儒教と全く対等の地位をかちえた次第である。然るにその翌二年六月には、東京に大学校が設立せられて、すべての教育行政を統制することになったが、ここにおいて皇学は道の体を教える学問、漢学洋学は道の用を教える学問と規定せられ、国学は他の諸学に対して全く優位の立場に立つことができたのである。そして国学者平田鉄胤、権田直助、矢野玄道、玉松操、山田有年、木村正辞、黒田真頼らの国学者は、或は博士、或は助教に任命されている。彼らの得意思うべしである。（伊東多三郎『国体観念の史的研究』）

彼らの国民教化がもっとも大規模に進められたのは、明治三年正月の「大教宣布の詔」をきっかけとする宣教使の全国的な活動であった。彼らは「祭政一致、億兆同心」を核心とする「惟神の大道を宣揚すべし」という勅旨を奉じて人民教化に乗り出したが、宣教使に任命されたものは各藩の国学者と儒者で、とくに前者の多くは平田派の神官・国学者にほかならなかった。

この宣教使は、明治五年、教部省が新設されるとその下に新たに教導職として再編成され、こんどは仏教徒らも加えてさらに大がかりな教化活動を組織することになったが、しかし同時にそのころから、国学者たちの前途には暗い影がただよい始めていた。その事情は、儒教・仏教との対立のほかに、国学者内部の陰惨な分派闘争という複雑な問題をかかえており、簡単に説明しきれないところがあるが、なんといってもその根本は、彼ら国学者が、新たな時代の思想と政治とに適応することができなかったということにあった。それは、基本的にいえば、明治政権がこの時期にその政治理念を西欧文明の摂取に定め、「文明開化」と「富国強兵」を究極の政策目標として掲げたのに対して、国学者たちが有効な追随の能力を失ったことにほかならない。島崎正樹が明治十三年に書いた建白書に「謹ンデ按スルニ、維新ノ初メ、大政ノ挙ル、法ヲ以テ上代ニ取リ、則チ百世ニ垂ル、天下ノ人仰観欣案スル者尠カラズ……然而比年凡百ノ制度、多ク外洋ニ倣ヒ、漸ク国体ヲ壊ヲ省ミザルナリ、一事ノ興ル、天下ノ人皆之ヲ欽ビ一件ノ廃ル、朝野愛国ノ士皆之ヲ悲ム、其中、事ノ最大ナル者、神祇官ヲ廃スルナリ、最初之ヲ太政官ノ上ニ置ク、国体ニ適フト謂ベシ、云々」と述べられているが、ここにあらわれているのも、時代の急激な進行の方途をもはや理解することができず、取残されたままに、かつて青年期の心情をとらえた思想にひたすら回帰しようとする敗者の怨念である。『夜明け前』の文章を借りるならば「本居平田の学説も知らないものは人間じゃないようなことまでいわれた昨日の勢は間違いであったのか、一切の国学者の考えたことも過まった熱心からだとされる今日の時が本当であるのか、このはなはだしい変り方に面と対っては、ただただ彼なぞは眼も眩むばかり……ややもすると「あんな狂人はやッつけろ」ぐらいのことは言いかねないような、そんな嘲りの声さえ耳の底に聞きつけることがある」――多くの国学者たちに共通する心境はそのようなものであったといえよう。

事実、彼らに対する嘲笑の声は、維新当初から決して少なくはなかった。明治二年九月の集議院において、大学別当から「皇国学神を祭り、孔廟釈奠《せきてん》御廃止のこと」「漢籍を素読することを廃し、専ら国書を用い候こと」といううろこつな議題が提出され、外国人（ここでは孔子をさす）を祭ることは日本固有の道に反するとする立場から、国学の手に教学の最高シンボルを独占しようとしたことがある。しかし、これに対する各藩選出の公議人たちの反対は痛烈であった。彼らの多くはこのような議題提出の背景に国学者の偏狭な独善を見出し「顧《おも》うにこの説をなすものは、国学者流忌克の心を挟み……別に荒唐繆悠《びゅうゆう》の説を以て我国の道となし、漢竺と対塁せんと欲するものより出るにあらずや。その見るところ、不公不正痛斥せざるべからず」と論じ、あるいは「その志は愛すべしといえども、然れども枉《おう》を矯《た》めて直に過ぐ。過激怪僻《かいへき》の言なき能わず」とし、もっとも激烈なものにいたっては、「況んや近来文盲至極なる一種国学、皇学など唱る附会杜撰《ずさん》の事のみを主張する者などの筆せしものは、遠裔遐陬《かすう》の寺小屋にても心ある者は手に触ることは恥とするに、堂々たる天下の大学校にことごとしく列ぬるなど、異邦の人をして聞かしめば、それこれを何とかいわん、誠に皇国の大恥ならずや」（『明治文化全集』第四巻所収「集議院日誌」）と痛論してこの議案を否決してしまった。これらは、それ自体むしろ偏狭な儒教の立場からする反論であったが、洋学を学んだ啓蒙的知識人の国学排撃もまた、それに劣らず辛辣なものであった。加藤弘之の『国体新論』（明治七年刊）などはその一例にすぎない。

就中《なかんずく》本邦において国学者流と唱うる輩の論説は、真理に背反すること甚しく、実に厭うべきもの多し。国学者流の輩、愛国の切なるより、しきりに皇統一系を誇称するは誠に嘉《よ》みすべしといえども、惜い哉、国家君民の真理を知らざるがために、遂に天下の国土は悉皆《しつかい》天皇の私有、億兆人民は悉皆天皇の臣僕なりとなし、随て種々牽強附会の妄説を唱え、凡そ本邦に生じたる人民はひたすら天皇の御心を以て心となし、天皇の御事とさえあれば善悪邪正を論ぜず、唯甘んじて勅命のままに遵従するを真誠の臣道なりと説き、これらの姿を以て我国体と目し、以て本邦の万国に卓越する所以なりというに至れり、その見の陋劣なる、その説の野鄙なる、実に笑うべき者というべし。

加藤はこれにつづけて「天皇も人なり、人民も人なり……しかるに国学者流が唱うるところの論説にしたがう時は、君民の間、到底人と牛馬に異るところほとんどまれなるに至るべし」と痛論しているが、要するに加藤のいわんとしたところは、国学者流の天皇信仰は、「万国ともに開明の域に進まぬ時」に一般に見られるような原始未開の信仰の一種にほかならないということであった。国学者が悠遠な普遍原理とみなしたものを加藤ら啓蒙派の人々は、歴史的に条件づけられた地方的な土着的信仰にすぎないと考えたのである。

彼らの抱懐した「万国の祖国」という日本のイメージもまた、開国そのものによって幻影のように稀薄なものとならざるをえなかった。そのことを何よりも端的に示しているのが、日本が「万国の公法」という全く新しい普遍原則にしたがって、列国と対等の交際を結んだという事実そのものであった。日本はより普遍的な関係の中に包摂される特殊な一国にすぎないということを開国は事実によって明らかにした。だから維新期の国学者たちが、しばしば筆をとって万国公法への従属から日本の国体を切り離そうとしたのも当然のことであった。その中には、ほとんど言葉の遊戯としか思えない不思議な形而上学を述べたものもあり、信仰と現実のディレンマを意識しつつもその間を架橋するために、あらんかぎりの弁証を重ねているものもあった。その前者の例としては――

スベテ何ニテモ、一アレバコソ二ハ出レ。一ナクシテ二ノ出ルコトアランヤ。カレコノ理以テオモヘ、国土モ本一国成立ズシテ万国成立ムヤ。万国ノ本タル一国ナクテ叶ハンヤ。人モ一人生レズシテ万人ウマレンヤ。万人ノ上ニ一人ナクテ叶ハンヤ。ココヲ以テ我皇国ハ万国ノ本国、我帝ハ万国ノ主タルコトヲ知ベシ。我皇国ハ万国ノ根本タル一国ナル故ニ、国土堅固ナリ。我帝ハ万人ノ上タル一柱ナル故ニ、皇孫ニ、ギノ命天降リマシ、ヨリ以来、皇統一連ニシテカハルコトナシ。万国ハ皇国ノ末葉タル国々ナル故ニ国土堅固ナラズ。万国ノ国王等ハ我帝ノ諸臣ナル故ニヨ、ニカハリテ其スヂ連綿セズ。……イカニイカニ我皇国ハ万国ノ本国ナラズヤ、我帝ハ万国ノ主ナラズヤ。(卜部実久「一理考」)

これは殆ど論証ともいえない愚直な主張であったが、以下に引用するものは、その論理においてより緻密たらんとする苦心が払われたものといえよう。

荷蘭《オランダ》国に虎哥〔=Hugo Grotius のこと〕というものありて万国公法という学業を興したり。それにつきて公法学を事とするもの西洋諸国におこり、その教師といわれるものも今は多く出来たりという。おもうにこれは支那人の中華夷狄と万国をふたつにわけて自国を重くし、他国を軽くすることを嫌い、それを私論とし、公法ということを立てたるものとおもおゆるなり(略)公法学の西洋にておこれるは、わが大日本よりおこす真の公法、ついに万国に及ぶべきさきばしりと思うことなり。近きころより、西洋の学士ら、わが日本国に来かようことおこりたり。これは日本人の臍を堅むべきときのいたれるものとおぼゆれば、日本人は、日本の古事古言のこころをあかし、かたわら、外国のことをも学び知りて、西洋の学士らと応接すべきなり。（略）外国人かならずいうべし、今万国に統轄の君あることなし、されば万国の公法に順うべきなり、日本国に神道というものありとはきけど、日本かぎりの私説なるべし、きくにたらず、はやくこころざしを改めて、公法につくべしとす、めるなるべし。そのとき、日本人こたえていうべし、日本国にて、日本国の神道、いまだあきらかに、ときつくせるひとあることなし。これにより、私説といわれて、いいとくべきことばなし――（大国隆正『新真公法論』）

論者大国隆正は平田篤胤に学んだ幕末国学者中の長老であり、その門下には玉松操、福羽美静、亀井茲監など、維新政府に関係した人々が少なくなかった。しかも大国の国学思想には、平田派とことなる一種の開放性があり、その国家思想は、開国進取を方針とした新政府にとって、平田派よりも受け入れられやすいものであった。先にふれた国学派の内部分裂というのは、実はこの大国派と平田派の暗闘を指しているのだが、ここではまず前の引用につづいて、大国の国際法論の展開を見ておこう。

隆正は日本の神道が現実に普遍的な妥当性を認められていないことを明らかに意識

しており、それ故に「この説、万国にゆきわたらず、一国にてもうべなわぬ国あるときは、まず日本かぎりの私説としてとりのけおき、万国一同にこの説にしたがう時をまつべきなり」としてゆとりのある漸進主義を説いているが、日本を以て「万国の本国」とし、天皇を以て「世界の総帝」たるべきものとする思想は少しもゆらいでいない。そのことの立証のために隆正が用いている方法は、一般の国学者たちとかわったところはないが、ただ彼の思想のもう一つの特色は、「攘夷に大小のわかちあり」として、性急過激な攘夷論を否定していることであろう。

小攘夷は軍をむかえてたたかう攘夷なり。大攘夷はたたかわずしてかれを服従せしむる攘夷なり。乙丑の勅許〔＝慶応元年の条約勅許をいう〕は服従せしむべき大攘夷のはじめとして、よろこぶことになん、ある。小攘夷は勝敗あらかじめ定めがたし、……大攘夷のかたは、天地の道理をもておしつめ、かれよりいう公法をくじき、その端をひらきおき、時の至るをまつことなれば、敗をとるべきことあらず、云々

隆正の心は「日本国をもととし、わが天皇を人間世界の大本と仰ぎまつるとき、上

帝、造物者のはじめよりのみこころざしにかないて、まことに正しかるべきなり、これ真の公法というべし」というところにあり、「世の国学をするもの、おおくはこの旨を得ずして、とにかくに外国をきらえども、万国みなわが天皇のしろしめす国内とおもうときは、さのみきらうべきにあらず」（「新真公法論附録」）というのがその眼目の一つであった。ここにおいては、天皇信仰はあらかじめ神々の心によって定められた人類の運命であり、したがってその時々の情勢変化もまた、「上天の神はかりはまことにかしこし」ということによって、「心せまく」一喜一憂するには当らないことになる。攘夷から開国への転換もまた「この二つの神はかり、たがえるに似てたがうことなし」とすれば、容易に肯定することができたのである。

この論理には、奇妙に新しいところがある。いわば人類史の究極の意味が何人によっても明らかにされえない以上、すべての歴史的事件が最終的には日本による世界統一をめざして進行するであろうという仮説を立てるとしても、それは論理的には決して背理とはいいえないからである。国学者がよく用いる表現にならっていえば、神意の世界においては、人間にとっての「千万年は一瞬目の間」にすぎないから、日本による世界統一という思想がいかに無意味な妄想に見えようとも、それをそもそも無意味と判断する権威は人間にはないことになる。しかし逆にいえば、それは人間の人格的統一性を崩しかねない論理でもあった。

ともあれ、開国は日本人のすべてにとって、多かれ少なかれ巨大な挫折を意味していた。尊攘運動の志士によっては、すでに見たように、それは直接的な幻滅であり、一般民衆にとってもまた、そこにひきおこされた生活上の大変動は、それにいかにして対応していいかもわからないような急激なアノミイの展開であった。福沢諭吉の『学問のすゝめ』（明治五年）の中に、この急激な社会変動の生みだした一種の精神病理的現象を指摘し、「すでに旧物を放却し、一身あたかも空虚なるがごとくにして安心立命の地位を失い、これがためついに発狂するものあるに至れり、憐むべきにあらずや、医師の話を聞くに近来は神経病及び発狂の病人多しという」と述べた箇所があるが、『夜明け前』の次のような記述もまた、そうした傾向をうらづけるものであろう。

激しい神経衰弱にかかるものがある。強度に精神の沮喪するものがある。種々な病を煩うものがある。突然の死におそわれるものがある。驚かれることばかりであった。……内には崩れてゆく封建制度があり、外には東漸する欧羅巴人の勢力があり、かくのごとき社会の大変態は、開闢以来いまだかつてないことといわるるほどの急激な渦の中にあった証拠なのか。張りつめた神経と、肉身との過労によるのか……。

こうした国民心理の変調のいち早い徴候は、すでにあの慶応三年八月に始まる全国的なマス・ヒステリアー「ええじゃないか」にあらわれているといえるかもしれない。E・H・ノーマンのいわゆる「これまでだれひとり耳打ちさえしようとしなかった深い憤りや屈辱感や、あまりにもながいあいだ抑えつけられていたので枯れしぼんでしまったのではないかと思われるような願望や、また幾世代にもわたる抑圧のため粉みじんになってしまったとだれもが考える自由への憬れ」（『クリオの顔』）がけいれん的な暴発を示したあの熱狂の中には、いいかえれば封建日本とともに、神国日本の音もない崩壊のパニックが反映していたかもしれない。尊皇も攘夷も、佐幕も開国も、神州の夷狄も、すべてそれぞれの固有の意味を喪失し、ただある混沌たる未来に直面しているという心理は、民衆大多数のものであったと思われる。

そして、実は、当時権力を掌握したばかりの指導者たちもまた、根本的には同じ恐れと挫折感をいだきながら、あえて国家と国民の創出という任務につき進む以外にその生きる道を知らなかったのではないであろうか。

2

幕府政治の崩壊がひきおこした広範なアノミイの傾向は、旧封建領主・家臣団から一般民衆にまで及んでいる。版籍奉還に始まる旧藩制の解体と、武士身分の特権排除が、旧封建支配層全般に深刻な混乱をもたらしたことはいうまでもないが、それはたんに武士的な意識や心理における変動を意味したばかりでなく、とくにその幾代にわたる生活の基礎――封建的秩禄そのものの排除をめざすものであっただけに、いっそう重大なものであった。

旧武士層は、版籍奉還とともに「一門以下、平士に至るまですべて士族と称すべきこと」という政令にしたがい、従来の複雑きわまる武士団内部の階層制を廃止することになったが、それでも多年の因襲は容易には抜けなかった。この政令の後に、後年自由民権の指導者となった板垣退助、後藤象二郎などによって行われた土佐藩の改革においてさえ「此度朝廷御沙汰により旧来の格式名目一切差止められ、別紙の通り士族級御定め仰付けられ候こと」と称しながら、一等士族から三等卒族にいたる実に十のランクによって旧藩士の身分を区分しているほどである（谷干城『隈山詒謀録』）。こうした根づよい武士団内部の上下意識は、明治五年一月にいたり、ともかく旧武士階級一般が一律に士族と呼ばれることになってからもながく残存したが、それくらいであったから、士族層が一般民衆と同質の国民として、平等の意識をいだくなどはほとんど期待されないことであった。

　彼らの人口は、明治九年一月一日の時点において、戸主四〇万八八六一人、その家族一四八万五九二三人、合計一八九万四七八四人とされているが（『補正明治史要・附表』）、それは当時の総人口三四三三万八四〇四人のうち、全戸数の比率の凡そ一八％に当っている。そして、彼らは、明治国家形成のある時期まで、いわゆる「尸位素《しいそ》餐《さん》」の徒として、国家財政の凡そ三分の一に寄生していたのである。もし、「ネーション」という概念を西欧風に考えるとするならば、彼らは決してその要素と見ることはできなかった。

しかし、彼らの君主として幾百年かをすごした封建諸侯は、かえって従順に新しい統一政権の威令に従ったとみることができる。維新以降、少なくとも旧封建領主を指導者とする反乱が起っていないことはその証拠である。彼らのほとんどはいかなる意味でももはや政治的指導力を失っていた。廃藩置県のさいに、政府がいかに事の成否に甚大な懸念をいだいたかは、西郷隆盛が桂四郎への書簡において、「旧習一時に散し候事に候えば、事によっては異変これなしと申しがたき国々も相知れず候につき、朝廷において戦を以て決せられ候」（『大西郷全集』第二巻）と内乱の可能性を述べていることでもわかるが、周知のようにことは意外なほどの平穏裡に終った。その状況は、自身廃藩の提唱者でもあった鳥尾小弥太がその「国勢因果論上」（明治八年稿）において「〔当時の政治情勢が〕形勢累卵のごとく、天下一日の安を期すること能わず、この時に当りて、突然廃藩令の下るや、全く他の意表に出て、あたかも陰雨濛々、まさに雨ふらんとするの前、忽ち雷霆《らいてい》の下撃せしがごとく、人々相顧みて言句もなく、則ち顔を見合わせて相共に令に応ぜしものに似たり」と巧みに形容したとおりであったといえよう。要するに封建領主層は、この当時すでに、政府と同輩の顔色をみながらでなければ行動しえない無能者に堕していた。廃藩以前に、各藩がいかにも強力に割拠の形勢を示し、今にも再度の内戦が起ろうとしていたとよくいわれるが、それは各藩の実権を握っていた「書生政府」「武人政府」(大隈重信)のヴァイタリティがそのような外観を示しただけで、すでに実質的には、藩国制の正統性根拠は失われていたのである。

(註) 当時、旧藩主層がいかに戦々兢々として政府の顔色をうかがい、状況に対する彼ら自身の自主的な思考力を失っていたかは、次のようないささか滑稽な新聞記事からも彷彿とする。

「去月中旬一諸侯より弁事中へ左の如き伺書を出されし事あり。その御附札(=回示)は如何ありしや、未だ聞くことをえず。

一、本供又は忍びにて料理屋へ参り、酒食を用い候て苦しからず候や。

一、料理屋へ参り候ても苦しからず候節、歌妓、舞女呼びよせ候ても苦しからず候や。

一、本供にて遊里に参り候ても苦しからず候や、又は忍びて参り候節はいささかも苦しからず候や。

右の四件、御一新の折柄、いかに心得て宜《よろし》く御座候や、この段伺い承り候、以上」

(「中外新聞」明治二年七月九日)

「右は信州須坂侯のよし」と記者の注がついているが、旧諸侯の自信喪失の状況は凡そそのようなものであった。

しかし、一方、「御一新」の変動にまきこまれた一般民衆のアノミックな状況は、もっと広範で、また混沌としたものであった。旧領主層までがどのようにふるまうべきか判断力を失っていたとするなら、幾世代にもわたって政治から疎外され、ただ習慣にしたがって生活してきた民衆の場合にその混沌がもっと大きかったのは当然である。手近なところで、たとえば『明治文化全集』第二十巻（=「文明開化篇」）に収められたさまざまな当時の風俗記録を見るだけでも、そのほとんど猥雑ともいうべき混乱のもようは歴然と浮んでくる。

一商あり、時勢の変遷に心づき、従来の商売にてはゆくゆく活計おぼつかなければ転業せんとて種々工夫を廻らせしが、追々世の開くるにしたがいて諸般便利を得るに甘え、近頃は少しも営業に心を用いず、ただその日暮しに世を渡りければ、ある人怪しみその故を問いしに、我々今日文明の世に生れしことなんらの幸福かこれにすぎん。鉄道の便なる八里の道路を一時間に往来し、電信の速かなる坐して京阪の人と談ずるを得る。真に驚くべき奇巧妙機なり。すでにかくのごとき便利の器械を製造せし上は、必ず耳目を仮らずして見聞するを得、手足を労せずして口腹を養うことを発明せんは近きにあるべしと、云々（「新聞雑誌」明治五年十月）

いかにも笑い話めいた話のようであるが、これは明らかに急速な時代の変化に適応しきれない民衆のアノミックな自棄の心理を物語るエピソードであろう。何しろ、多数の民衆にとって、新政府が何をめざし、どこへ自分たちをみちびこうとしているかは、ほとんど理解もできなかったのである。

信州松本の商某の来話に、余先ごろ甲州牧原村の農家にいたり、語次世態に及べるとき、主人の曰く、維新いらい世の中善事少なく、御政事は追々むずかしくなり、御布告の数々なるは幕政に十倍し、その文は漢語多くして田舎漢には了解しがたきことのみなり。加うるに新聞紙まで配達せり、これを受けても読むことを得ず、誠に迷惑なることながら御指令ゆえよんどころなく受けておくまでなり。戸長もこれにはほとんど困却せりときけり。二月某日は旧暦の元日に当る故に、休業して祭文読みでも招いてこれを聞かんとすれば、時々小便棒が巡回することをはばかり、奥座敷にて低声で読ましむれば興も甚だ薄し。児輩は福引をなすこともならず、真に寂しき春なりといえり。(同右、明治七年五月)

ここにも出てくるが、当時の政府の布告の雨下と、その文章のむずかしさがいかに民衆を苦しめたかは「山陽道のある県にて当節流行の童謡あり。〝権令が沙汰だしや、角い字で読めない。参事は一字は読まずはなるまい。〟」(同右、明治七年四月)という皮肉な報道があることでもわかるが、そこから生じた混乱の多くが、地方郷村の実際的な世話人である戸、区長の指導力喪失に帰せられる傾向もまた、この時代の報道にしばしば見られる特長の一つである。その一例――

また同県(=秋田)下ある区の戸長某、これも一般へ御達しの結文に、右の趣、区内洩れざるよう触れ知らすべきものなりとあるを、戸長のみへの触にて、区内へは露ほどももらすことなく内密にしておくべきことと誤解して、しまいおきたる由

を伝聞したり、云々（同右、明治六年九月）

（註）この種の記事は非常に多く、あたかも戸、区長の無知無学を嘲笑するのが流行だったかのように見えるが、事実は伝統的な村落支配様式に対する新しい統一権力の変革作用が、従来の練達した庄屋、名主層の後身である区、戸長たちの行動様式を混乱させたにすぎないと見るべきかもしれない。たとえば『夜明け前』の主人公も間もなく戸長を罷めさせられているが、それを無学のせいとすることはできないからである。

すべて、維新後の民衆生活に直接深刻な影響を及ぼした各種の政令——学制頒布、徴兵令公布、地租改正等々については改めてはのべないが、要するに新政府のとった政治と社会の全般にわたる改革策は、従来慣習的に安定した生活を維持してきた民衆に対して、破壊的な作用を及ぼすことになり、凡そ民衆の心意を均斉な一体として統合するような条件は、ほとんど見失われてしまったのである。小川為治の「開化問答」（『明治文化全集』第二十巻所収）はそうした民衆の当惑を一つ一つとりあげてその啓蒙を志した著作であるが、そこにあらわれた当惑の例——

御一新以来なんでもむやみに諸運上のせんぎをなされ、屁を放ったことまで運上をおとりなさる。ナントこれでは民百姓安楽のために御政事をなされるとは申されますまい。それゆえ下々の一口ばなしにも、このころ天子様は喘息をおわずらいなさる、何故というに、しきりに税々とおっしゃるなどと悪口をいうております……すでに公方様のころには、百姓の諸年貢の外は運上というものはござりません。それが当時では町地面、家作は勿論、芝居、寄場、貸座敷、娼妓、芸妓にいたるまで運上をお取立なさる。さればこの末は職人の仕事についても、商人の商高についても、運上を取立てなさるだろうと思います……それゆえ下々のものが帰服せずして、ややもすれば天子様のことをわるくいい、もとの徳川家のことをほめそやすことでござる、云々

これまで世間において旧暦を用い来り、何一つ差支うることもなかりしに、何を以て先年政府において足辺より鳥の立つごとく急に太陽暦をとり用い、これをお廃しなされしか、さらに合点のゆかぬ次第でござる……けだしこれは僕一己の私論にあらず、世間一般の心組と見えて、どの土地にても徳川の正月よ、徳川の盆よと旧

暦を以て万事の儀式をとり行う次第にて、これ誰の心にも毛唐人のために恥辱を受くることを心外に覚ゆる証拠でござる、云々

この太陽暦採用がひきおこした混乱は、当時の新聞などによくあらわれるものであり、「新旧暦混じて一定せず、これを呼んで太政官の何日、徳川の何日という」(三重県)とか、「而して公事は陽暦を用い、私事は皆な陰暦を用う」(筑摩県=長野県)という情況が一般的であった。この暦の例に象徴されるように、維新後の民衆の大部分は、いぜんとして幕藩体制下の生活感覚を維持しながらわずかに「太政官」の方に顔を向けるときにだけ、新しい国民の身ぶりを示すという偽善性をあらわしていた。要するに、彼らの生活実感の内部では、維新の変革によって生ずべき新しい統合理念が意識されるということはなかった。福沢諭吉『学問のすゝめ』は述べていう――

政府一新の時より、在官の人物力をつくさざるにあらず、その才力また拙劣なるにあらずといえども、ことを行うに当りいかんともなすべからざるの原因ありて意のごとくならざるもの多し、その原因とは人民の無智文盲すなわちこれなり、政府

すでにその原因のあるところを知り、しきりに学術を励《すす》め、法律を議し、商法を立てるの道を示すなど、或は人民に説諭し、或は自から先例を示し、百方その術をつくすといえども、今日に至るまで未だ実効のあがるを見ず、政府はいぜんたる専制の政府、人民はいぜんたる無気無力の愚民のみ、或はわずかに進歩せしことあるも、これがため労するところの力と費すところの金とに比すれば、その奏功見るにたるもの少なきは何ぞや。けだし一国の文明はひとり政府の力をもって進むべきにあらざるなり。

すぐそれにつづけて福沢は「日本にはただ政府ありて、未だ国民あらずというも可なり」と断定しているが、この文章は明治七年一月刊行の『学問のすゝめ』第四篇の一部である。つまり、その二《ママ》年前の廃藩置県に際し、「当時吾々同友は三五相会すれば則ち相祝し、新政府のこの盛事を見たる以上は死するも憾みなしと絶叫したるものなり」(『福翁百余話』)というほど、封建制の廃除に歓喜した福沢は、それ以後の日本が封建時代と少しもかわらぬ専制主義と、民衆の側のいぜんたる奴隷根性とによって成り立っていることを痛歎しなければならなかったわけである。もともと、ネーションの意志決定のための機関として国家＝政府があるのが正常な姿なのに、ここでは逆に政府がその存立を専制的に立証する手段として「国民」があるという形になっている。福沢の生涯の目標の一つは、この民衆をして真のネーションたらしめんとすることにあった。もちろん、福沢のいう国民の理念は、後に見るように、きわめて深く国家の理念と結びついており、無条件にそれを近代的ネーションと同一視してよいか否かは、すこぶるむずかしい問題をはらんでいるのだが——。

ともあれ、この当時の民衆は、全体としていえば「国は政府の私有にして人民は国の食客のごとし」という福沢の語にあるように、自ら独立の国民として意識することもなく、その意識によって自ら国家を支えるという気性をも欠いていた。しかもその傾向は、福沢によれば、旧幕時代よりもいっそう悪い意味をさえ含んでいたのである。

古の政府は力を用い、今の政府は力と智とを用う。古の政府は民を御するの術に乏しく、今の政府はこれに富めり。古の政府は民の力を挫き、今の政府はその心を奪う。古の政府は民の外を犯し、今の政府はその内を制す。古の民は政府を視ること鬼の如くし、今の民はこれを視ること神の如くす。古の民は政府を恐れ、今の民

は政府を拝む、云々

この観察の鋭さは、一種予言的な性格をおびていると言えるかもしれない。序章にふれたように、近代的ナショナリズムの極限的な形態は、「一般意志」に対する宗教的な信従という形をさえとるものであった。福沢が封建体制下に見た民衆は、少なくとも力に対しては屈服しても、決してその心を奪われるほどではなかったのに、明治政府の下においては、精神的にもまた奴隷化されたというのである。いいかえれば、民衆がいまだネーションとしての意識をもつ以前に、すでに宗教的な畏敬の心をもって国家と政府を見るようになったということである。このあたりの福沢の観察は、その後凡そ三世代にわたる日本人の生き方を見とおしたものといえるかもしれない。

しかしもし、福沢がくりかえしたように「日本には政府ありて国民(ネーション)なし」(『文明論之概略』巻五)という判断が正しいとするならば、明治維新の成果はすべて、「ネーション」を抜きにして達成されたものというほかはない。国民の極小部分を占める武士層のうち、さらにその一部の有志者によって強行された政治・社会体制の大変革は、少なくとも「ネーション」の基盤なしに行われた特異な「革命」であったということになる。第一章において引用した竹越三叉、徳富蘇峰らの見解はそれが大いなる「革命」であったことを実感にもとづいて断言しているが、福沢もまた封建制打倒に無限の意味を見出していることは同様である。しかし、すぐに気づかれるように、前者においては、そこに日本の「ネーション」の誕生が告知されたというのに対し、福沢はかえってその反対を論じている。前二者のオプティミズムに対し、福沢はよりリアルでペシミスティクであった。何よりもそのことは、『学問のすゝめ』『文明論之概略』あたりにおいて、しばしばえんりょなしに「愚民」という形容が用いられていることからもわかる。福沢は封建制の終焉に無限の歓喜をいだきながらも、その終焉の後にもたらされた事態を直視することにおいて、決してそこに「ネーション」の発生などは認めていないのである。彼は維新のもたらしたものが、民衆の「精神的奴隷（メンタル・スレーヴ）」化にすぎなかったことを、痛感していたはずである。

いいかえるならば、明治維新によってもたらされた事態は、国家がその必要のためにようやく国民を求めるにいたったということで、その逆ではなかった。それはいわば、国家がその権利の対象として（福沢のことばでいえば「政府の玩具」として！）国民を要求したことにほかならなかった。この事情は、後年河上肇が、その「日本独特の国家主義」（明治四十四年）において、西洋の天賦人権に対し日本は天賦国権であるとし、証明の必要のない究極的価値の所在が全くことなることを指摘した場合とも関連してくるはずである。河上がそこで「彼ら（＝日本人）は人格を所有せざるに反し、各々国格を代表す」と述べたことを言いかえるならば、自然人としての日本人は未だ決して人格の主体ではなく、ただ国家によって権利を付与されることによって、はじめて人格を認められるということである。真に実在するものは国家であり、人間はその実在の反映にすぎないという考え方である。この問題は、日本近代における「国家と個人」という思想史上のテーマに直ちに関わってくるが、それがまた日本のナショナリズムを考える場合にも、除外することのできない論点であることはいうまでもない。

3

すでに見たように、新たに支配権力をにぎった人々が、その支配対象として見出したものは、いぜんたる封建三百年の惰性に生きる民衆にほかならなかった。それは、あの実験精神旺盛な福沢諭吉がその自伝で述べているように、武家ことばで話しかければおずおずと従順な姿勢をとり、言葉づかいを変えればとたんに卑俗な態度にかわるような矮小卑屈な民衆として当時の指導者層の眼には映じていた（『福翁自伝』岩波文庫版、二三二頁以下）。幕府を倒し、諸藩を解散せしめた維新の新権力者にとって、もっと手ごわい問題は、この民衆をいかにして「国民」化するかということであった。しかもそのことは、彼らの念頭にあったもう一つの課題——外国勢力の浸透からいかにして日本を防衛するかという課題と深く結びついたものであった。そして彼らの眼に映じた現実の日本民衆は、そのためには決して頼もしい存在ではないというのが、その体験から生れた共通の認識でもあった。そうした体験的認識の典型的な一例をあげてみると——

> すでにして兵を進めて会津に入らんとするにあたり、自らおもえらく、会津は天下屈指の雄藩にして、政善に民富む、もし上下心を一にし、戮力もって国に尽さば、わが三千未満の官軍、いかんぞ容易にこれを降さんや、ただよろしく若松城下をもって墳墓となし、斃れてのちやまんのみと。ようやく豨突《きとつ》してその境土にのぞむや、

あにはからん一般の人民は妻子を伴ない家財を携えことごとく四方に遁逃し、一人の来てわれに敵する者なきのみならず、漸次ひるがえってわが手足の用をなし、賃銀をむさぼって恬《てん》として恥じざるにいたる。われ深くその奇観なるを感じ、いまだかつてこころにこれを忘れず。(『板垣退助君伝』)

当時、征討参事として会津攻略に従軍した板垣は、同藩人口のうち藩国の滅亡に殉ずるものわずか三千の武士団のみという事実にショックをうけ、もし日本全体もまたそうであったとしたらということに想到して慄然とした。そして、住民のすべてが国家と運命をともにするような体制を作るためには、何よりもまず「四民均一の制を建て、楽をともにし憂を同じうする」ことが必要だという観念を与えられた。後年、彼が「自由民権」の運動に立ち上ったのは、この時の経験にもとづくというのが『自由党史』の伝える有名な伝説である。

……けだし慧眼なる経国者の識略は、これを鉄馬縦横の中に実験し来り、その始めや強兵の方略よりして四民均一の制を撰択し、ついに人類の至公なる道義に接着し、即ち共同国家の下に各個人の良能を暢達するの正経に達す、ただに政治部面の改革のみにあらずして、また実に社会改革の先声たるなり。(『自由党史』上)

これはいかにもありうべき封建武人の発想であった。皮肉な言い方をするならば、住民の全部が喜んで国のために死ぬことのできるような、そうした体制をいかにしてつくり出すかが、板垣の「自由民権運動」の原理であったということになる。彼が見たものは、どこまでも藩国の品位(=河上肇のいわゆる「国格」)が先であり、その命運にかかわりなく「遁逃」する民衆の生命そのものは、二の次であったことになる。この有名な民権運動史上におけるエピソードは、してみるとかなり無惨な意味を含んでいるといえるかもしれない。

しかし、ここでまた私たちの連想をよびおこすのは、板垣とはまるで肌合いも立場もちがう福沢諭吉の場合にも、ほとんど同じような発想が認められることである。

……元来敵国とは全国人民一般の心を以て相敵することにて、たとい みずから武器を携えて戦場に赴かざるも、我国の勝利を願い、敵国の不幸を祈り、事々物々些末のことに至るまでも敵味方の趣意を忘れざるこそ真の敵対の国というべけれ、人民の報国心はこの辺にあるものなり、しかるに我国の戦争においては古来いまだその例を見ず、戦争は武士と武士との戦にして、人民と人民との戦にあらず、家と家との争にして国と国との争にあらず……故に戦争の際、双方の旗色次第にて、昨日味方の輜重《しちょう》を運送せしものも、今日は敵の兵糧を担うべし、勝敗決して戦やむときは、人民はただ騒動の鎮まりて地頭の交替するを見るのみ。(『文明論之概略』巻之五)

これはあたかも板垣の感覚と同じものであった。国家と一体化することなく、国家への忠誠に無関心に生死する民衆の姿を、板垣も福沢も、いずれも忌まわしいもののようにみなしていたことは両者同揆である。

……故に日本は古来未だ国を成さずというも可なり。今もしこの全国を以て外国に敵対する等のことあらば、日本国中の人民にてたとい兵器を携えて出陣せざるも、戦のことを心に関する者を戦者と名づけ、この戦者の数とかのいわゆる見物人の数とを比較していずれか多かるべきや、あらかじめこれを計ってその多少を知るべし、

かつて余が説に日本には政府ありて国民（ネーション）なしといいしもこの謂《いい》なり、云々

こうした脈絡で見るかぎり、日本におけるネーションとは、幕末以来の「海防論」の思想的延長線上に位置づけられることになる。その前提となっているものは、どこまでも「日本の土地人民一寸一人たりとも異国へとられ候ては日本の恥辱」というあの神州防衛の意識にほかならなかった。しかも、その神々によって創られた自然のままの民衆は、決して国のために喜んで死地に入るものとは思われないというのが彼らの確認した事態であった。彼らのヴィジョンに浮んでいた理想の民衆とは「すでに近頃普仏の戦争に、仏国しばしば敗を取るといえども、その民挙国憤興し、いよいよ報国の志強く、その都長囲をうけてなお屈せざるを聞けり、云々」（『自由党史』上所収「土佐藩政録」）と伝えられたフランス国民のごときものであったかもしれない。そして、日本民衆はそのようなものとは見えなかったというのである。彼らの辛苦は、一面ではなおいぜんとしてその跡をたたぬ外国の脅威をたえず警戒しながら、寸刻をあらそって、日本民衆を「国民化」するという事業に傾注されたといえよう。

日本民衆を「国民」化する最初の着手が、宣教使による天皇親政の意味の宣伝であったことはすでに見たとおりである。未だ皇室のことを知るものも少なかった民衆の中には、討幕勢力の担ぎ出した天皇が、本物の天皇かどうかを疑うという空気さえあった当時のことである。しかし前にも述べた国学者の人々の熱心と希望にもかかわらず、民衆は現実の維新政府の「大教宣布」によっても、神道国教化のための広範な民間信仰への規制によっても容易に純真な神州国民に還元されることはなかった。明治三年、越後地方で唄われた有名なアホダラ経に「ヤレヤレ皆さん聞いてもくんない／天朝御趣意はまやかしものだよ」に始まり、「高天原ではのど口ぬれない／りっぱじゃけれども／内証がつまらん」(『越後佐渡農民騒動』)と政府の神道による人心統一政策の非現実性を嘲弄したものがあるが、こうした復古主義による民衆教化政策が失敗におわり、かわって急激な「文明開化」が全国を風靡するにいたったことも、すでに見たとおりである。

維新政府の「国民」創出のための努力は、そうした神学的理念によるよりも、むしろ全く逆に、散文的な、もしくはあまりにも現世的な理念によってみちびかれたものと見るべきであろう。ここでいうのは、日本における「国民」が、何よりもまず納税者としての国民、兵役に服する国民の創出という形をとったということである。そしてまた、政府の布告・達・告諭において、「国民」の語がはじめて一般的に用いられるようになったのも、まさにそのような国民創出の過程においてであったことはよく知られているとおりである。普通、その用語法の最初の例としてあげられるのは、明治四年四月の太政官布告「全国一般戸籍法改正ノ事」であるが、この戸籍法の制定こそ、納税と徴兵の担当者として、民衆の一人一人を国民として掌握するためにとられた最初の手続にほかならないものであった。

戸籍人員を詳かにして猥ならざらしむるは政務の最も先に重ずる所也、夫れ全国人民の保護は大政の本務なることもとより云うを待たず、しかるにその保護すべき人民を詳かにせず、何を以てその保護すべきことを施すをえんや、これ政府戸籍を詳にせざるべからざる儀なり、また人民の各安泰をえてその生をとぐる所以のものは、政府保護の庇護によらざるはなし、さればその籍を逃れ、その数に漏るるものはその保護を受けざる理にて、自ら国民の外たるに近し、これ人民戸籍を納めざるをえざるの儀なり、云々（『太政類典』第一篇七十九巻）

この戸籍法が「幕藩体制では欠けていた国民観念の法的表現」(福島正夫、利谷信義「明治以後の戸籍制度の発達」)という意味をもっていたことは、すでに法制史上の通念的理解とみてよいであろうが、いま私たちにとって問題となるのは、新たに成立した統一政権が、そのような形において、民衆の一人一人をその統治対象として平均的にとらえようとしたということである。いいかえれば、そのことによって、国民の一人一人は統一権力の日常的な行政支配の対象として確認せられ、国家の構成分子として平準化されたということになる。もちろん、ことがらの技術的側面はしかく単純なものではなかったが、こうした手順を通して、はじめて国家はその機構的支配の標準を与えられたことになる。これを思想史的にいいかえるならば——

およそ近代国家が個別性の流動するダイナミックな社会状況への対応において「普遍的形式」として成立する限り、その国家人民の同形化が行われねばならない。それによってのみ人民をノイトラルな Menschenmaterial として把える政治の力学的技術化も、したがって又政治の規則化も可能となるのである。stato の形成者たるマキャヴェルリにおける「基礎観念」が「人間の同形性」（Gleichförmigkeit der Menschennatur）にあるとされることは、この意味で象徴的である。（藤田省三『天皇制国家の支配原理』）

しかし、よく知られているように、日本の戸籍編成では、その名のとおり戸（＝家）を通して個々人を登録するという形態をとっているという特徴がある。即ち、国民概念の形成にあたって、家がその重要な媒介項となっている。いいかえれば国家がその統治作用を直接個人に及ぼすのではなく、家を介して支配を行うという形をとっている。このことは、日本におけるネーションの形成方法における一つの特徴でもあり、また日本人のいわゆるナショナル・キャラクターを特性づける重要な要因ともなっている。

一般にナショナリズムが、ハーツのいわゆる郷土感情（home feeling）と区別されるより高次の集団への感情を問題とするものであることは、序章において述べたとおりであるが、それはいいかえれば、F・テンニースのいう共同体《ゲマインシャフト》とか、G・サムナーのいうイン・グループ（In-Group）とかの原型ともいうべき家族においていだかれるようなあらゆる人間感情と、ナショナリズムとがことなった位相に属するということであった。その端的な例としては、たとえば「お国のために」出征する兵士たちと家庭との間に生じるあの悲劇的な感情を想起すれば十分であろう。そこでは、家とネーションとは、本来あいいれることのない別個の原理によって形成された集団とみられる。

しかし反面ではまた、たとえばドイツ・ナショナリズムの異常形態ともいうべきナチズムの特性を説明しようとするさい、ドイツの家庭における権威主義的性格がひきあいに出されるという場合のように（E・フロム『自由からの逃走』の例）、家とナショナリズムの間に一定の関係があることも否定できないであろう。またいかなる意味であれ、かつての日本ナショナリズムの戦闘的性格が問題となる場合に、しばしば家における武士道的訓育が指摘されたりするのも（たとえばラフカディオ・ハーンの『心』に収められた「保守主義者」という一章などもその一つか）、その例証となるはずである。これらの場合には、家はまさにナショナリズムの源泉であり、培養基のようなものとみられている。というよりもむしろ、たとえばかつての大戦中、戦死者を出した家の門標に「名誉の家」という標識がかかげられたように、日本においては、ナショナリズムを支える中核となるものこそ家の中の家として、その理想型のようにさえ考えられた。ここでは、この二つの集団は完全に同一の原理によって形成されていると見られたわけである。しかも、それは、何も「家族国家」日本の場合だけのことではないかもしれない。「家族は、何びとにとっても、国家への予備校であり、多くの民族にとって、家族は、周知のように、国家のモデルを提供している」(イェーリング)とするならば、家と国家との関係がいかに構造的に切りはなせない関係にあるかはいっそう疑いえないことになる。家族感情に象徴されるホーム・フィーリングと、ナショナル・フィーリングとを区別する特別な理由はそこでは失われるとも思われる。

しかし、問題の立て方を少しかえて、いったい日本において、いわゆる家族国家の理念の前提とされる家そのものの思想は、果してどのようにして形成されたのかということを考えることが必要であろう。というのは、日本において、いわばネーションの核を形成するものと考えられるにいたった家の理念は、明治以前には一般民衆とはまるで無縁であったというのが法制史における通説にほかならないからである。いいかえれば、明治以前においては、国民の大多数の生活の中には存在しなかった家の理念が外から民衆生活の中にもちこまれ、そのような家を支配することをとおして、明治期のネーションが形成されたという奇妙な関係になるからである。以下においては、日本における戸籍編成の重要な単位とされ、それをとおして、日本国民形成の原点とみなされるにいたった日本の「家」のことを、日本ナショナリズム理解のために必要最小限の範囲で吟味しておくことにしたい。

まず、この問題のもつ歴史的な意味をもっとも一般的に提示するならば――

明治政府は、家族の道徳的および法的統制に対してきわめてつよい関心と熱意とをもった。（略）一般に、家族はそれぞれの社会において（少なくとも従来の歴史においては）その社会構成員のパーソナリティの形成にとって決定的な役割をはたしたのみでなくその社会の存続にとっても基礎的な機能をはたしたことはさきに述べたとおりであるが、明治政府にとっては、家族に対する社会統制（とくに政治権力による道徳上および法律上の統制）は特別の重要性をもった。すなわち、（略）パーソナリティの基本構造を形成し、絶対主義権力に対して従順な「臣民」をつくる――このことが、明治十年代以来政府権力の存続にとってきわめて重大な関心事となったのである。（川島武宜『イデオロギーとしての家族制度』）

即ち、ここでもいわれているように、明治政府は「家」の規制によって「臣民」という形のネーション形成を意図したわけであるが、そのさい問題となるのは、政治権力によって統制の対象となるような「家」の実体をどのようなものとして限定するかということであろう。藤田省三氏の前掲の文章から援用するならば、その家の「同形性」を前提としないかぎり、多様複雑な事実としての家＝関係を規制することは不可能であろう。あたかも、一定の原理による空間関係の秩序を作り出すために、点や線、円や三角形の定義が必要であるように、未だ混沌とした人間的状況の中に一定の国家的政治秩序を実現するためには、何よりまず国家と人間に関する基本的な座標軸が決定されなければならない。しかも当時の日本において、たとえば原子的個人の仮設から契約説的な国家関係を設定することは現実的に不可能であったから、もっとも社会的な実在性が濃厚であり、しかもその社会的機能が経験的に確かめられているなんらかの制度を利用して、それを新しい政治秩序の図式化の基礎とするほかはない。そのためにとられたのが、社会のタテの座標として旧社会における身分制の転換的利用であり（旧身分制の廃止と華・士族、平民制への再編成）、ヨコの座標として「家」制度の利用という方策であった。そして、そのさい、国民全体に通ずる普遍的な「家」の理念は、一般民衆の生活事実としてあらわれている多様な家＝関係から帰納することによってではなく、比較的明確な社会形態として存在している武士団の家族制を原型として構成されることになった。明治以降、とくに法律的には明治三十一年の民法公布によって、一般民衆はそれまで知ることのなかった武家法的な家の制度にしたがって、その家庭を形づくることになったのである。いいかえれば、全人口の凡そ二〇％にもみたぬ武士階級においてのみ行われていた家族法を基礎として、民衆全体の家族生活を統制する準則が与えられることになった。民衆の現実の生活事実を基礎としてその立法化が行われたのではなかったわけである。

明治以前における家族の存在形態が、武士と民衆とで大きくことなっていたことは、たとえば両者における家父長権（＝戸主権もしくは親権）のあり方についても、相続の形態についても（長男単独相続という形は武士層の慣行で、民衆の間では一般的だったわけではない）、婚姻に対する親の同意権という点についても（民衆の間ではそれは決して強力なものではなく、村の慣習としても本人同士の意思がかなりひろく認められていた）一般に知られているとおりであったが、とくに主君に対する忠誠義務の担当者であり、逆に封禄受給者でもある武士的家父長の権威主義的性格は、民衆における現実の戸主にはほとんど見られないものであった。しかし、明治政権は、一般民衆生活にまで、そうした武士団の家長制度のモデルを浸透せしめようとしたわけである。

要するに、明治民法の家族法は、現実の家族秩序をそのまま維持することを目的とするのではなくて、むしろそれを、より権威主義的に変容すること、そうして、それをとおして絶対主義的〝臣民〟のパーソナリティをつくるための訓練機関をつくること、を目的としたと認められるのである。(略)すなわち、まず第一に、権力に対して従順な卑屈な精神は、わが国民性の骨格をつくるにいたった。このことを直接に証明することは困難であるが、明治二十年ごろまでの時期における政府に対する農民の反抗の数々は、その後今日にいたるまでほとんど例を見ない程度であることは、一つの間接的な例証となりうるのではないかと思われる。また第二に、家族集団の権威主義的再編成という点でも、明治以後相当な変化のあとを見ることができるようである。(略)農村では中層以下の農民家族における家父長制は明治以後形成されあるいは成長したものが少なくないようである。(川島、前掲書)

もちろん、明治政府のそうした対家族政策は、初めから「権威主義的パーソナリティ」の養成を意識的に目ざしたものとはいえないであろうし、戸籍法の制定そのものが、そのための布石であったとすることも、いわば結果論からする過剰な類推になるかもしれない。従来の民衆的家族形態が、はじめはたしかに押しつけられた華士族の家族制度をうけ入れようとしなかったことは事実であるが、反面ではまた、民衆そのものの中に、かつての上層階級である武士層の生活様式を模倣しようとする傾向が潜在していたことも否定できないことは、たとえば柳田國男氏もしばしば指摘したところであり、またすでに奇兵隊の場合について、見てきたとおりである。しかし、いずれにせよ、明治政権は、人間生活の根源的な再生産の場としての家を、戸主権・親権・夫権という法的な作用をとおして統制し、そのことによって、いわば法律的に全民衆の人間形成と行動様式のパターンを規制したわけである。いうまでもなく、こうした規制とならんで、国家による「教育」がまた同じように民衆をナショナライズするために強力な作用を発揮したことは、のちの「教育勅語」に象徴されるように周知のとおりである。これらの操作をとおして、作り出された日本のネーションが、序章に引いたハーツの言葉のように、きわめて「人為的な《アーティフィシャル》」作品という意味をもつことはもはや多言を要しないであろう。ついでに、その当時における統治単位としての家の数をいえば、明治九年一月一日の統計において、皇・華族が四八一、士族が四〇万八八六一、平民が六八五万四一一一となっている(『補正明治史要・附表』)。明治政府は、主としてここにあらわれる六百八十余万戸に属する民衆を士族的範型にしたがってナショナライズすることによって、日本的なネーションを作り出そうとしたわけである。

こうして形成された家は、イェーリングのいわゆる「国家のモデル」として、国家的支配に対する第一次的な適応に習熟する場となった。いいかえれば、それは人間本性の自然的・有機的な感情形成の場であるとともに、国家という抽象的でインパーソナルな権力機構の作用をあらかじめ模型的に習得するための環境でもあった。

そのさい、当然に問題となるのは、家という具体的な環境において自然に成長するあの有機的な生命感情と、国家への忠誠という意志的な規範感覚との間に生ずる乖離をどのようにして架橋するかという問題であろう。この感情が、しばしば政治的なナショナリズムにとって致命的な解体的作用を及ぼしうることは、与謝野晶子の「君死たまうことなかれ」の例を拡張的に想像するだけでも理解されるであろうが、甚しい場合にはそれは一種のパニックをさえひきおこす可能性をはらんでいた（序章参照）。したがって、制度化された家の理念の中にあらかじめそうした危険に対する保障を含ませておくことは必要であった。

周知のように、この問題の解決は、最終的には日本国家を一大家族として擬制することによって行われている。人間にとって本性的な感情をそのまま拡大することによって、家や郷土を越えた国家への忠誠もまた同様に自然な人間感情とみなされることになった。こうした擬制を可能ならしめた一つの理由は、日本の民衆的生活伝統の中に、いわゆる祖先崇拝の心情が生きていたことである。この心情は、それ自体としてはそれぞれの家もしくは同族の祖先を祭ることによって、かえって民族総体の神々に対する統一的・集中的な信仰に対しては阻害的要因となる傾向があり、それ故に、明治維新以来すべての土俗的な雑神崇拝とともに、「私邸内自祭の神祠仏堂」など、すべて自家用の祖先礼拝様式に対する一定の規制がくりかえし行われてもいる。しかし、もしそれぞれの家の祖先が、すべて皇祖神を頂点とする皇室の神の系統の中に位置づけられるならば、個別的な祖先崇拝と皇室＝天皇崇拝との間に矛盾は生じないことになる。維新以来、各地における氏神社のランキングが定められて、その祭式・祭日をすべて伊勢神宮のそれにリンクさせる政策がとられたのもそのためであった。明治民法において戸主に与えられた家父長権の強力さは、一面ではその家族を率《したが》えて祖先を祭祀する権利の掌握者という意味をもっていたが、それはまた、本来武士階級のもっていた君主への忠誠心にあたるものを、一般民衆の中に導入しようとする巧妙な装置でもあったのである。

こうして家を国家の統治単位として設定し、同時にそれをナショナリズムの培養基とするのが維新政権の目標であったが、さらにその論理を拡大してゆくとき、国家のために斃れた人々の祭祀をそれぞれの家に委ねるのでなく国家そのものが司るという構想が当然に生じてくる。国家を一大家族とみる擬制からはそれは必然の帰結であるが、その象徴が靖国神社であることはいうまでもない。それは神島二郎氏がその『近代日本の精神構造』において述べるように「日本人古来の念願をほかならぬその時代性においてあやまたず把捉し、これを踏まえて未成熟な国民意識のなかから国家防衛の意志を造出したものこそ、じつに靖国神社の政策にほかならぬ」という意味をもつものであった。ここにいわれる「日本人古来の念願」というのは、「子孫の追慕、家名の保持、供養の永続、死後の共生」等々、日本人の家意識を古くから特長づけた願望にほかならないが、こうしてたんに土俗的・伝統的な慣習の中に生きていた民衆を、進んで国家のために死をいとわないネーションへと改造する巧みな装置が作り出されていった。もともと、ナショナリズムは、その純粋な理念型としては、古い伝統主義的生活様式を破壊したのちに形成されるはずのものであるが、現実には、それは、かえって古いものからいかに巧みに新しい混合物を作り出すかという技術の様式にかかわるものであった。日本におけるネーションが、近代国家としての日本の必要から人為的に作り出された場合、そのような形で古い伝統的な民間信仰が利用されたとしても、それは一般に後進国におけるナショナリズム形成のパターンの一つとしてみるならばなんら異例のことではなかった。D・E・アプターの『近代化の政治学』の中に、次のようなアフリカ研究書の一節が引用されている。

　アフリカの指導者たちは、経済成長の挑戦と高度の生活水準を樹立するという必要とに直面して、伝統的な共同《コミユナール》作業の範型《パターン》を再検討することをはじめたが、それは新しい経済秩序の要求に応ずるようそれらを成形するという目的のためである。この再検討は、個人的な努力という範型がすでにでき上っている場合にも、社会主義的志向をもった諸計画が、その新しいシステムを機能化する手段として、伝統的な共同作業のパターンを利用しようとする場合にも生じている。(D. E. Apter, *The Politics of Modernization*, 1967, p. 331)

こうして、日本においては、古代的神話と近世的伝統の諸要素が、近代的国家の機能に適応しうるネーション形成の契機として利用されたわけである。とくにそこでは、アプターもいうように「人種論的ナショナリズムとより一般的な国民国家《ネーション・ステート》のナショナリズムとが共存しうる」ことが典型的に示されていることは、すでに暗示したとおりである。

4

これまで、私たちは、封建社会の内部において、それぞれの身分的制約のもとに暮してきた日本人が、新たに「国民」として同質化され、平均化されてゆく過程を簡単に見てきた。そのさい、明らかなことは、日本における国民形成が、いわば「上から」の啓蒙的専制によって指導され、民衆はむしろ強制的にナショナライズされたという事実であった。その情景は、あたかも福沢諭吉がその自伝で語っている次のようなエピソードの中に、そのまま写し出されているといってよいかもしれない。

……その頃私が子供を連れて江の島鎌倉に遊び、七里ケ浜を通るとき、向うから馬に乗って来る百姓があって、私共を見るや否や馬から飛下りたから、私が咎めて〝これ、貴様は何だ〟といって、馬の口を押えて止めると、その百姓が怖わそうな顔をしてしきりにわびるから、私が〝馬鹿いえ、そうじゃない、この馬は貴様の馬だろう〟――〝ヘイ〟――〝自分の馬に自分が乗ったら何だ、馬鹿なことをするな、乗って行け〟といっても中々乗らない、〝乗らなけりゃぶんなぐるぞ、早く乗って行け。貴様はそういう奴だからいけない、今政府の法律では百姓町人乗馬勝手次第、誰が馬に乗って誰に逢ってもかまわぬ、早く乗って行け〟といって、無理無体に乗せてやりましたが（略）下々の人民がこんなでは仕方がないと余計なことを案じたことがある。

狐を馬に乗せるという言葉はあるが、「無理無体」に国民化され、近代化を強いられた素樸な民衆の当惑と迷惑の表情がこのエピソードからまざまざと浮んでくるかのようである。ここではいうまでもなく福沢は、政府と同じ啓蒙的専制主義を象徴している。自分の正当な権利を主張しない奴は、ぶんなぐっても権利を主張させるぞというのだから、ものごとが奇妙にむずかしくなるのは当然であろう。これまでに見てきたように、民衆は従来の封建的制約から解放された反面、あらたに兵役や教育という予想もしなかった義務を強いられることになったわけである。多くの暴動がそれらの新しい負担に反対してひきおこされた。それはもとより民衆が政府の考えるような「ネーション」の意識をもたなかったことを意味している。彼らにとって維新はただ幕府を倒して「天朝」を担ぐ新しい権力集団がとってかわったことを意味するにすぎなかったし、生活の面に特別好ましい変化が生れたわけではなかったから、それは全く当然のことであった。

ここで私たちの前に浮んでくる新しい問題は、すべてそのようなネーションの「上から」する強力的創出に対抗して、「下から」のネーション形成の志向はなかったのか、ということであろう。前章に見てきたように、あの民衆の自主的な組織の動きは、そのまま立ち消えとなったのであろうかという問題である。

この疑問に対する答えの一部は、すでに述べたように隠岐コンミューンの事例において与えられている。維新政権は、幕府倒壊後の空虚に乗じて噴出する多様な民衆のエネルギーを或いは懐柔し、或いは弾圧することによって、唯、極力アナーキイの状態がひろがることを抑圧した。もし、幾分なりとも維新政権の指導者たちに、権力集中に対する現実政治上の感覚が弱かったならば、全般的なアナーキイはさけえなかったかもしれないし、その場合はかえって、権威主義的に「ネーション」のあり方が強制されるという事態はさけえられたかもしれない。その意味では、維新指導者の明敏さは、日本のネーションにとって不幸だったといえるかもしれないのである。

しかし、やはりここで問題としなければならないのは、維新後わずかに七、八年のころから、未だ明治政権の基礎も固らず、その正統性が民衆の中に定着したともいえない状態の下で、全国的にひろがっていった反政府運動の巨大な昂揚をどう評価するかということであろう。即ち、自由民権運動を日本のネーションという立場から、どのように位置づけるかという問題である。そして、当然それに関連して、維新後最大の叛乱であった西南戦争は、日本におけるナショナリズムの文脈において、どのような意味をもつかという問題もまた提起されるはずである。さらにいえば、たとえば玄洋社のような日本右翼運動の源流が、そのはじめは自由民権の主張をもって結成されたことをどう理解すべきかという問題などもまたここに包含されることになるであろう。

しかし、これらの相互に関連した問題を明快に解きほぐすことは、ここでも到底果せそうにもない課題である。それは、一般的に自由民権運動の歴史的評価というかなり入りくんだ問題に直接関係するばかりでなく、日本の右翼思想の根本的解明につらなる問題であり、残された紙幅では到底論じられないからである。以下では、問題の所在とその歴史的意味について、試論風な概括をこころみるほかはない。

自由民権運動が明治期のみならず、日本近代史を通じてもっとも激烈、勇敢な反政府運動であり、それに類推しうるものとしては、その凡そ半世紀後における共産主義運動しかないことは異論のないところであろう。明治末期の社会主義者（というよりむしろ無政府主義者）の権力に対する激越な反抗は、この二つの運動とはやや意味をことにしており、同一には論じられないところがある。ひろい意味で、日本における革命運動というとき、右にあげた二つのものをその典型とするのがふつうである。

ところが、この二つの運動を比べるとき、何よりもまず気づかれることは、前者における濃厚なナショナリズムの傾向であり、同じ革命運動といっても、これを後者のように純粋な「左翼」運動とよんでよいかどうか、かなり問題があるということであろう。もちろん、左翼、右翼という名称はかなり曖昧であり、革命＝左翼、ナショナリズム＝右翼という見方もまた一定の歴史的条件のもとにのみ妥当する便宜的な概括にすぎない。しかし、自由民権運動が、後年のカテゴリイでいえば、明らかに右翼的な風格をおびていたことも否定しえないはずである。

この問題は、当時の用語でいえば、民権論を主張するこの運動が、かえって熱烈な国権の擁護者でもあったという二重性格の問題ということになる。そして、この二重性の中に、当時の日本のネーションがおかれた特定の状況が反映していると考えてよいであろう。自由民権運動の本質の一つが、実にその烈々たる「愛国主義」にあったことは、今あらためて強調する必要はないかもしれない。

> 天の斯民を生ずるや、これに附与するに一定動かすべからざるの通義権理を以てす。この通義権理なるものは、天の均しく以て人民に賜うところのものにして、人

力を以て移奪するをえざるものなり。しかるに世運の未だ全く開けざるや、人民ややもすればこの本然の通義権理を保全し能わざるものあり、いわんや我国は数百年来封建武断の制、その民を奴隷にせし余弊、未だ全く削除せざるをや、いやしくも是に由て改めざれば、我国威の揚り我国人の富むを欲するも、あに得べけんや、我等一片の至誠、愛国の心大いにここに発憤するあり、すなわち同志の士と相誓い、以て我人民の通義権理を主張し、以てその天賜を保全せんと欲す、即ち君を愛し国を愛するの道なり。（明治七年一月、「愛国公党本誓」）

我輩この社を結ぶの主意は、愛国の主張自ら止む能わざるを以てなり。それ国を愛する者は、すべからくまずその身を愛すべし（略）今この会議を開き、互いに相研究協議して、以て各その自主の権利を伸張し、人間本分の義務を尽し、小にして一身一家を保全し、大にしては天下国家を維持するの道より、ついに以て天皇陛下の尊崇福祉を増し、我帝国をして欧米諸国と対峙・屹立せしめんと欲す。（明治八年二月、「愛国社合議書」）

これら、自由民権運動の開始を告げる基本的文書の中に、いかに「愛国」の用語が氾濫しているかは一見して注目されるところである。自由民権運動史上に著名な役割を果した「評論新聞」でさえ、その第一号において「愛国の至情自らやむ能わざるより、愛国の社を設けて愛国の人を集め、以て愛国の議を尽くす、真に愛国の盛業というべし、俚語にいう、口に正直を唱うるものに正直の実なく、身に壮厳を飾るものに壮厳の行なしと、ただ顧慮す、この社よく愛国の人集団して愛国の議熟するや否や」(明治八年三月)と幾分皮肉な眼で冷評したほどに、民権運動における「愛国」の強調はいちじるしかった。

しかし、これはもとより運動の創唱者たちが世をあざむく看板ではなく、その衷心の信念を述べたものであった。愛国社の設立された同じ年の夏、長州出身の保守派の軍人鳥尾小弥太の記した「国勢因果論」(『得庵全書』五四一頁以下)は、誕生したばかりの自由民権運動を評して、次のように述べている。彼はまず、民権論に「大別して上下の二流」があるとしたのち——

その上流の民権説を主持するものは皆ことごとく老練の士君子なり。今この士君子の説を聞くに、民権を賞賛し、人民をして奴隷根性を去らしむるは即ち国家独立の基礎なり。国家独立の精神なり。いかんとなれば国家をして人民の権利を重んじ、以て政令を布き、人民をして各自に権利をつくさしめ、以て気力を振起し、その生産を繁殖し、天下比戸封すべきの域にこの国運を進むるにあらざれば、決してわが国家の独立を保つべき道あることなしと。すなわちこの簡短なる立説は、彼れ士君子の愛国の実情より発せしものなるが故に、おのずから神人をも感格して漸く国家の地軸に根株を下し、将来必ず繁殖滋蔓すべきこと疑いない、云々

反面において鳥尾は、こうした「上流の民権」の公明正大に対し「下流の民権説」がこれに便乗して登場することを警戒しているが、要するにその区別は、前者が見識ある士族出身の「士君子」であるのに対し、後者はたんに政治上・社会上の不平分子――「放縦無頼の小人」「無智の小人」によって唱えられているというのであった。板垣退助自身、このような見解をうらづけるかのように、そのいわゆる民権運動が過激な危険思想ではないことを後年次のように論じている。

旧来、自由党の主義は一以てこれを貫けり、何ぞや、曰く、国家観念によりて調節せられたる個人自由の主義即ちこれなり。(略)けだし国家観念によって調節せられたる個人自由の主義は、かの個人主義、国家主義、社会主義等の、各その極端に偏すると同じからずして、人類の天賦たる個人性と社会性とを適当に配合し、遠心求心の二力をしてその抱合の程度を謬らしめず、而して継続観念即ち国家観念を養うは、感情によりてし、個人自由の理想を長じ、その自主独立の性を全うするは、道理によりてし、両者相俟って社会の乾綱を維持し、人類の進歩発達を促進するものにして、予はこれを他の個人主義、国家主義、社会主義等に対して、高等個人主義の名を以て呼ばんと欲す、云々(『自由党史』題言)

すべてこのように、いわゆる上流民権の主張の中では、国権の求心的集中と民権の遠心的拡大とがいわば共変的関係(Covariance)にあり、異種同形(Isomorphic)の性質をおびていることは、しばしば説かれるとおりである。事実、明治十一年の愛国社再興の前後、各地に勃興した政治結社の趣意書を見ると、或いは「以て国勢を張り万国に対峙せんと欲す、則ち必ずまた人民の権利自由を拡張伸達するよりせずんば有るべからず」（土佐「嶽洋社」）といい、或いは「民権未だ行われず、政体未だ変更せざれば、その国民の愛国心を増殖する能わざればなり。自由すでに得、愛国心すでに増殖せば、富実したがって生ぜざるなく、国権したがって行われざるをえず」（島根県「尚志社」）と論じ、或いは「上は天皇陛下の尊栄を増益し、我日本国の福祉を昌盛にし、下は各自人民の権利を伸暢し、一身一家の幸福を享有せんと欲す」（名古屋「羇立社」）とか、「我国権をすでに倒れんとするに回らし、我民権をまさに堕ちんとするに起し、万国を叱咤して国威を八表に輝かし、内人民を興起してその天性をとげしむるに如くはなし」（松山「公共社趣意書」）と述べるなど、民権の主張が国権拡張の目的と同一化されている例は枚挙にいとまがない。なかでも有名なものは、明治十三年一月、国会請願運動の口火を切って元老院に提出された岡山県両備作三国有志人民の名による文章であろうが、「嗚呼我同胞三千五百余万の兄弟よ」のよびかけに始まるこの有名な名文においても「貴ぶべきの民権すでに伸暢するか重んずべきの国権すでに拡張するか、之を思い之を憶《おも》えば、月明かなりといえども以て我輩の心を愉《よろこ》ばしむるに足らず、花美なりといえども以て我輩の情を慰むるに足らず」とし、「国会すでに開くれば則ち民権始めて伸暢す。民権すでに伸暢すれば何ぞ国権の拡張せざるを憂えん」

と論じたのち、「起せよや愛国の精神、奮えよや独立の気象、此の如きの邦土山川坐《いな》がら人に付するか」という美文調の煽動によって全文を結んでいる。すべてこれらの主張に共通する論理は、福沢諭吉によって「一身独立して一国独立す」という形で簡潔に表現されたものと同じものであった。

いいかえれば、これら上流民権の主張は、富国強兵の達成のためには民衆の独立精神が必要であり、その独立精神の培養のためには人民の権利主張の場としての国会が必要であるというものであったが、ただその場合、当時の強力な有司専制に対抗してこの権利を主張しうるものは、国民中ただ旧武士階級＝士族のみであるという前提がほとんど自明のものとしてとられていることに注意しなければならない。明治十二、三年頃までの民権運動が、後のいわゆる「豪農民権」「農民民権」と区別されて士族民権とよばれるのはそのためであるが、このような士族的エトスこそ、実は民権運動の前に見た二重性を現出せしめた根源でもあった。

彼ら士族層がなぜこの時期において民権を主張し、国会開設を要求するにいたったかについて、民選議院設立建白の関係者であった岡本健三郎、小室信夫、古沢滋の三人が書いた「民選議院弁」(『明治文化全集』第四巻、三七五頁以下)は、次のように述べている。

四民の中に就きひとり士族は則ちその従前の地位大いに他三民の上にあり、而して稍《やや》そのいわゆる万物の霊たる本然の貴を保存しうる者に近し、ただこの一事実、即ちよく今日士族をしてその国家を憂念するの心ひとり四民に冠たらしむるを致せる所以なり、然るにわが輩また切に慮《おもんぱか》る、いやしくも我れ今に及んで早くこれが計をなさず〔ば〕、則ちわが固有精神元気のわずかに士族の間に遺存するものといえども、またかつその久しきを保つ能わざらんとす。……

即ち、民権運動の必要は、今まさに零落してその本来の気概を失わんとしつつある士族を放置しておくならば、ついには「四民あいともに淪胥《りんしょ》して日にかつ奴隷自ら甘んじ、奴隷自ら居るの景況に陥」るであろうという判断から「急にこれを振救するの道」として痛切に自覚されたわけである。こうした士族層の危機意識は、具体的には中央における権力的地位が薩・長・土三藩によって独占され、閥外の多数の旧藩士たちはその地位から疎外されていたことと、東京を中心とする文明開化が、地方におけるかつてのよき生活伝統を抹殺しつつ、急速に進行していることへの不満としてあらわれている。たとえば『愛国志林』第十篇（明治十三年八月八日）は、トックヴィルの『米国論』の一節を引用したのち「それかくのごとく大都会よりも、各地方に真の自由幸福は多しといえども、方今わが国の状態をみれば、各地方は日に衰退に赴き、三府（なかんずく東京）の呑嚼するところとなり……各地方の独立自治の気象を消散し、併せて自由幸福もまたまさに失わんとす」と述べているが、これなどはその後者の不満を示すものであろう。即ち、士族層は一方ではその主観における「愛国」の実行を専制的寡頭権力によって独占され、他方では中央集権的官僚政府の行う「文明開化」への違和感に苦しめられねばならなかった。彼らはその不満と鬱屈を専制権力による民権の抑圧としてとらえたが、その内容は別にいいかえれば、自己の保有する有為の素質を有効に吸収組織しえない権力への怨恨であったといえよう。植木枝盛がその「人民の国家に対する精神を論ず」（『愛国新誌』第十三号、明治十三年十一月十二日）において、国会開設論者の態度の中に「国のためといい、国にいかがなるといい、一方よりいえば己れも多少治者のごとき底腹」がうかがわれると批判したのも、士族民権における上述のような心理的複合を指摘したものであったといえよう。彼らの民権主張は、端的にいうならば、四民中もっとも有為な士族層の自由にして平等な権力への参加を要求したものにほかならなかった。それはたとえば、折から土地改革を求めて全国に高まっていた農民一揆に対し「〔平民は〕知識も元気も弁別も少き故に、已れら一個一身の上に関わりたる地租等のことについては時に一揆を起しもすれども、全国の大政上につきて政府に叛し、大乱を起すほどのことをばなし出さざるなり」(『愛国新誌』第十四号、明治十三年十二月二十日)などと評していることからも、間接に類推されるであろう。このあたりの感覚は、幕藩体制下の旧武士層のそれとさしてかわっていないともいえるのである。

しかし、ここでは前述のように自由民権運動の評価そのものが問題ではない。したがってまた、そうした士族層内部の鬱屈が最終的に爆発した西南戦争の位置づけということも、それとしてはとりあげることができない。ただ、この内戦の余波として、自由民権運動の内部から生れた一種の新しい行動様式として、日本の「右翼」の誕生ということに注目しておきたい。先にふれた玄洋社の場合がそれである。

玄洋社がその設立の当初(明治十四年二月)、「第一条　皇室を敬戴すべし、第二条　本国を愛重すべし、第三条　人民の権利を固守すべし」という三条の「憲則」を掲げ、「人類の未だこの世界に絶えざる間は、決してこれを換うることなかるべし」と宣言したことは周知のところである。これは、その実質において、当時の多くの民権派の政社が掲げた綱領とかわるものではなかったし、事実また玄洋社関係者の名前は、『自由党史』の各所に頻出している。この第三条について、『玄洋社社史』は述べていう――

〔この〕一条に至っては、皇室敬戴、本国愛重と対して一見奇なるがごとし、然り、当時藩閥者流が沸然として勃興せる全国の民権論に対する思想も、また民権しかく伸張すべくんば以て皇室をいかんせん、と絶叫してその思想を鎮圧せしところなり。然れども、当時、幕府倒れて未だいくばくならず、いわゆる維新の功臣なるもの、政をとって専恣放縦、民を虐げて有司政を擅《ほしいまま》にす、これあたかも将軍に代うるに有司を以てせしもの、かくのごとくんば尊王維新の実、いずこにあるや、宜しく御誓文を奉じ、公議輿論を起し以て民をして政に参するを許せ、これ即ち皇室を永遠に宏固たらしむる所以、朝に奸官あって専制これ行う、或は第二第三の維新を思わざるべからず、故に民権を固守するものは即ち皇室に忠なる所以なりとなしたるなり。之を以て彼らは民権の伸張を叫ぶとともに、国権の伸張を叫び、民選議院の開設を呼号するとともに国威発揚を呼号し、また外征侵略を高唱せるなりき。

この論理は全く当時の士族民権のそれと異なるところはない。彼らはどこまでも皇室の意志にしたがい、万民共同の政治参加を要求するためにその民権を主張したのであり、同輩の一部が有司として忠誠を独占することに反対したのである。彼らのめざしたもの、それをもし一言でいうならば、それは国民中の国民たる士族の革命の徹底というべきものであった。

ところで、その玄洋社が、明治憲法の公布ののち、完全な政府党として、例の第二議会選挙にさいし、民党弾圧の急先鋒となったことも著名な事実である。『玄洋社社史』のうち、恐らくもっとも興味があるのは、この大転向を弁明するために、いかにも苦渋にみちた屈折が重ねられている部分であろう。もし冷眼に『玄洋社社史』を読むならば、彼らが「ついにさきの民権論を捨つる弊履の如くなりしなり」（同書、四〇八頁）といかにも颯爽とその転向を宣言しながらも、なお民権の主張にいぜんたる眷恋の心持をかくせないでいることがわかるはずである。とくにその雄名を謳われるにいたった明治二十五年二月の大選挙干渉に関する記述を読むならば、それがむしろ吏党に対する反感と、民党に対する同情にみちていることに奇異の感をうけないではいられないであろう。玄洋社の国権論は、その限りでいえば、一種の精神分裂にちかい印象を与えるはずである。

玄洋社が、その後日本の膨脹主義のパイオニアとなり、とくに大陸侵略の先鋒となったことを、それだけ切りはなして論ずることは、多分、あまり意味がない。そしてまた、玄洋社的ナショナリズムを、日本におけるナショナリズムの異常な偏向であるとし、その後における日本の極右的超国家主義の唯一の源流と見なすことも、多分またあまり意味はないはずである。というのは、皇室への忠誠の求心的集中と、皇室に象徴された日本国家の防衛のための国民の自発的能力の遠心的拡大というロジックに忠実にしたがうかぎり、玄洋社の「転向」は実はその後の「民権派」の歩んだコースの先取りにすぎなかったからである。先に見た「家族主義」の原理が「八紘一宇」に拡大した過程に比べるならば、日本の「右翼」というのは、きわめて純真素樸な士族主義を象徴したものにすぎない。そこには、少なくとも偽善的な意識はなかったといってよいであろう。

序章に見たように、近代的ナショナリズムの論理的展開は、たとえばサン・ジュスト的なテロールの正当化にみちびくものであった。そこに生れた恐るべき人間的惨劇に似たものは、自由民権運動の歴史の中にも同様にあらわれている。「公議を杜絶し民権を抑圧し以て政事を私す」という理由によって、大久保利通を斬殺した島田一《いち》良《ろう》・長連豪《つらひで》らの行動は、まさに彼らの了解した「一般意志」にもとづくものであった。それ以降、日本のネーションはたえず自己の意志の現実的形象を求めて、あるいは国内における革命を追求し、あるいは外国との戦争に肝脳を地に注ぐことをさけなかった。しかも日本人は、今にいたるまで、かつて真に自らの「一般意志」を見出したことはなかったといえるかもしれない。なぜならば、かつての天皇制のもとでは、天皇の意志以外に「一般意志」というものは成立しないと考えられたからであり、もししいて天皇制のもとで国民の一般意志を追求しようとするならば、それはたとえば北一輝の場合のように、天皇を国民の意志の傀儡とする道しかなかったからである。後者の道は、二・二六事件によってその不可能が立証された。日本人の「一般意志」は、それ以来いまだ宙に浮いたまま、敗戦後の一世代を迎えようとしているというべきかもしれない。

あとがき

1

紀伊國屋新書のために日本のナショナリズムに関する一冊を書かないかという話を受けたのは、当時紀伊國屋書店の嘱託をしていた村上一郎氏からであった。それはこの新書が発足した当時のことであったから、もう随分古い話である。一年々々、私はそのことを気にかけながらも、とうとうこの春が過ぎるころまで、その仕事にとりかかることができなかった。しかも、そのながい幾年間が、この仕事の準備のために有機的に成熟していったわけでもないのである。

例によってあわただしい仕事となり、しかも書き下しという私には初めての体験であることもからんで、眼高手低はおろか、山中のブッシュの中をただやたらに彷徨するハイカー同様の有様となってしまった。まさに著述における遭難の危機感にとらわれたこともしばしばである。私は中途いくたびも紀伊國屋書店を恨み、教唆者である村上一郎を恨んだ。その村上一郎は、「たまには失敗作を作るという気持をもつのもいいですよ」という達人めいた激励をよこすだけで、私には救援を求むべき何人もいないことになってしまった。こうなったら、自力で山を降りるだけである——

そうした惨憺たる準遭難事件の報告記録がこの一冊の書物である。たしかに、私は初め「脱兎」の勢で日本ナショナリズムの山頂をきわめるつもりで出発したが、事志と反し、終いに、「処女」のごとく後退することになってしまった。もっとも私がそういう嘆息をもらすと、家内は冷笑して、そんな処女がありますか、せいぜいどぶねずみくらいのところじゃないの、という。要するにひどいことになってしまったのである。

2

そういう敗退の記録であるから、ここには慣例のような種々のアクノレジメントは一切記さない。記された方が迷惑だろうからである。今、私の眼底にあるものは、私がその登高をめざしながら、一指もそめることのできなかった幾つもの山頂の雄姿である。どこかで計画と目測を間違ったために、御覧のような均斉のとれない、中途半端な記述におわった。歴史的には、少なくとも明治二十年代までを含めたかったのが、ダメになったし、とくに後年の超国家主義の精神史への展望をひらくという心づもりも、ほとんどその一端にもふれえないことになってしまった。要するに、この書物は、せいぜい全体として日本ナショナリズムというテーマに迫るための序説のうちの序論ということになるかもしれない（表題にだけ、その意図が残留している）。公刊には心苦しいところもあるが、私にとって少々ぜいたくなノートができたと思って、自ら慰めるだけである。

3

文中の引用文は、読みをかえない範囲で、かなり自由な表記法、句読法をとっていることをおことわりしておきたい。また、出典の記載もすべてが厳格に行われているわけではないことも付記しておきたい。これも初め「脱兎」のごとく、のちに意気沮喪したことからきた結果にほかならない。

4

この小著の制作過程において、私を苦しめ、また私が苦しめた編集者は、石田禎郎氏である。同氏はしばしば私の愚痴の被害者となったが、同時にまた、私に対する冷酷な税吏でもあった。恨みっこなしということにしておきたい。

以上、ともあれ仕事が終ったのちの気楽さもあって、なくもがなの駄文を記してあとがきにかえる。（一九六八・八・一）

解説

抑制と暗い炎

渡辺京二

橋川文三（一九二二～一九八三）は竹内好、鶴見俊輔、吉本隆明らと並んで、わが国の戦後思想中、重要な一潮流を代表する文筆家である。もっとも竹内・鶴見・吉本が一世をリードする論客とみなされたのに対して、橋川はよりアカデミックな日本近代思想史家と受けとられる面が強かったかも知れない。しかしそれは、橋川の独特な自己抑制がしからしめたところで、満州事変から日米戦争に到るあの十五年戦争の経験を受けとめて、戦後の現実と対峙しつつ思索する作業において、彼はまぎれもなく一個の思想家であり、ただその思索を直接に表明するのではなく、思想史研究という形式に埋めこんだのである。

彼の思想史研究的な業績は、いま私が「解説」の任を与えられている本書『ナショナリズム』がそうであるように、近代日本のナショナリスティックな、一般には右翼とされる思想的形象を対象とするものであった。彼の処女作は『日本浪曼派批判序説』で、すでに同人誌連載中に評判になっていて、一九六〇年未來社から刊行されると、私は待ち兼ねたように購入してむさぼり読んだ。

それは決定的な出会いで、以来この人の著作が出ると、すべて購入して読むことになったが、私は何よりも彼の叙述スタイルに身の震えるような親縁を覚えた。学者のような顔つきで語っていた人は、実は詩人だったからである。著者はカール・シュミットに依拠して保田與重郎を「批判」していたが、シュミットのみならず、彼がヨーロッパ近代の思想と文学に通暁していることは一読明らかだった。ヨーロッパ近代の精髄を極めて日本右翼を論じる。なんとスリリングなことをやる人か。文章は一流の詩人のごとく精妙で含蓄があった。

社会科学者で唯一の文体の保持者と三島由紀夫が評した、その文章の味わいに私が魅せられたのに間違いはない。しかし、文体とはその人の生きる姿勢そのものである。橋川の文体は端正・温和で、論述のしかたも、扱う問題について客観的に広く展望・紹介するといった風でありながら、その底には苛烈で、時とすればほとんど魔的と形容したい断定が匿されていた。彼の抑制された外面の蔭には、歴史つまり人びとの生きて来た事実の亀裂にのぞく深淵を見てしまった者の、暗い炎が激しく燃えさかっていたのである。

私の知る限りのこの人の温和で静かな風貌には、ある悲しみと断念がはっきりと感じられた（酒のはいった彼の絡み癖は伝説になっているが、私は三度ほど酒席を共にして、乱れた姿を一度も見たことはない）。彼が戦時中「日本ロマン派」、特に保田與重郎の心酔者だったことは、もとより著作から承知していたが、彼が日米開戦ののち死を覚悟、というより憧れていたことを、私は宮嶋繁明著『橋川文三　日本浪曼派の精神』（弦書房、二〇一四年）で初めて知った。

同書は橋川の前半生の伝記で、今後橋川について書く者が必ず参看すべき貴重な労作である。私はそうだったのかと、深くうなずくところが多かった。橋川は旧制中学上級生の頃から、ランボー、ヴァレリーの心酔者で、一高に進んでからは文芸部の雑誌に詩や散文を発表し、「橋川の前に橋川なく、橋川の後に橋川なし」といわれるほどの才能を示したという。私は初めから、文学者として一流になるべきなのに何かの拍子で学者になってしまった人と、彼のことを思っていた。やはり、そうだったのである。

彼が東大法学部に進んだ時、友人たちは意外の感にうたれたという。彼は著述家としてデビューして以来、丸山学派の一人に数えられていたから、私はてっきり東大政治学科で丸山眞男の弟子だったものと思いこんでいた。宮嶋によると、彼は大学で丸山の講義を聴いたことは一度もない。日米開戦は彼の一高三年生の時で、東大では学徒動員でほとんど授業らしきものを受けていない。丸山との縁は戦後の編集者時代に生じたのだ。彼は自分のことを「独学者」と述べたことがあるが、それはなおざりの言葉ではなかった。

彼は太平洋のどこかの島で美しく死ぬことしか考えていなかった。だが病弱のために徴兵されず、そのことに絶望して敗戦の日を迎えた。心空しく生き残ったのである。敗戦は当時の大方の日本人にとってショックだったが、戦って死ぬことに至上の価値を見ていた彼のような青年にとって、ショックなどという生易しいものではなかっただろう。彼はそこから立ち上って、歴史というものの認識を第一歩からやり直さねばならなかった。その成果が『日本浪曼派批判序説』以下の一連の日本近代思想史に関わる著述であり、本書『ナショナリズム』はその一里程標なのである。

この本が標題に対して異様な構成になっていることは否めない。序章「ナショナリズムの理念」で、近代ナショナリズムの本質が、その語義・淵源も含めて全面的に考察されているのに対して、本文ともいうべき第一章・第二章は日本ナショナリズムの成立のみを扱っており、それも時代的には明治十年代の自由民権運動で終っている。つまり標題は本来『日本のナショナリズム』とあるべきで、しかもそれとしても、その後昭和期の「超国家主義」となって展開する、いわば日本ナショナリズムの完全発現態はまったく言及されぬまま、叙述は打ち切られているのだ。

その事情は著者自身の「あとがき」に明らかで、「どこかで計画と目測を間違ったために、御覧のような均斉のとれない、中途半端な記述におわった」と述懐されている。著者は「少なくとも明治二十年代までを含め」、その後の超国家主義への見通しもつけるつもりだったのだ。

そもそも「日本ナショナリズムの山頂をきわめる」という当初の意図が「新書」という形式には過大だったのである。「新書」とは普通二〇〇ページ程度の小冊子で、所蔵する「紀伊國屋新書」の原本を調べてみると、「あとがき」を含めて一九〇ページしかない。

もちろんそのスペースで、昭和期の超国家主義までたどることは、叙述を概略化すれば不可能ではない。だがそんな略述はこの著者には出来ることでもなく、また欲するところでもなかった。歴史は著者にとって、無数の憧れや恨みを埋めこんで褶曲する複雑巨大な地形にほかならなかった。スケールの大きい地図に写せば、いとおしい襞も肝心のニュアンスも消え去る。

予兆はすでに序章に現われていた。パトリオティズムの自然さに対するナショナリズムの人工性を明らかにしつつ、著者はルソーに言及し、特にその「一般意志」の含む危うさを論じ始める。しかし、それを論じると問題はナショナリズムにとどまらず、ナチズムやスターリニズム、さらには民主主義にさえ拡がりかねない。著者は辛うじて踏み止まる。

著者は第一章で、開国前後の日本人の国家意識のありかたを、封建諸侯、武士、豪農、庶民の各層について検討する。その広い目配り、犀利な分析には、この問題に関する著者の蘊蓄が十分に発揮されており、特に国学が果した役割についての叙述は圧巻といってよい。ところが著者にはいいたいことが多すぎるのである。想念が湧いてとどまらぬのだ。それは吉田松陰についての均衡を失した長い叙述を見ればわかる。

私はこのことを欠点とするのではない。こうしたのめりこみこそ、著者特有の魅力を写しているといいたい。だが、第一章まですでに紙数は三分の二に達した。

第二章は「維新」によって成立した明治国家が国民を創り出さねばならなかった事情を説いて生彩を放つ。国民のナショナルな目醒めを経て国民国家が成立したのではない。列強に伍すべき「国民国家」が少数の専制的指導者によって設計され、それに必要な国民は教育によって創り出された。明治民法の規定する「家」が、一般庶民の伝統である「家」と異質だったことの指摘も重要である。この章は、自由民権運動が玄洋社などの右翼を生むに至った逆説を述べて締めくくられるが、この逆説は著者の抱えこんだ大きなテーマとして、その後の仕事で追求されることになる。

途中で突然打ち切られた未完成の感はあっても、本書が日本ナショナリズムに関する基本文献として今日でも生命を持つことはいうまでもない。ただ、いくつかの点を私がいい添えるのは許されるだろう。開国時、日本民衆がまったく国家意識を欠いていた点について、著者は福沢などの暗愚視を、批判的保留は施しつつも一応肯定しているようにみえる。しかし今日になってみれば、その暗愚とは、民衆が国家から自立した生活世界を確保していたことの証しだったというべきである。また庶民の藩兵への採用についても、長谷川昇の『博徒と自由民権』(中公新書)は、奇兵隊の場合とは違った様相を提示していると思う。

それにしてもナショナリズムは、今日に至ってますます怪奇の相を呈している。著者は序章の副題を「一つの謎」としているが、その感は今日一層深い。著者が「隠岐コンミューン」に託した夢は、やはり一九六八年というこの本の著作年代に限界づけられていたというべきか。中国ナショナリズムにせよ、当時著者の眼にはその本質は、無理もないことだが見えていなかったのかも知れない。ナショナリズムは依然として、近代が生んだ怪物であり続けている。グローバリズムによって国民国家の時代は終ったという今日はやりの言説が、とんでもない近視眼であるのは、やがて歴史が証明するだろう。

実は橋川文三さんは私がひと方ならずお世話になったお人で、私がしがない物書きになったのも橋川さんと吉本隆明さんに学んでのことなのである。仕方のないことだが、本文中「橋川」と呼び棄てにして私の心は痛んだ。橋川さんは六一歳で亡くなられた。今にすると若死である。私自身老残の身ながら、死ぬまでにいつかはちゃんとこの人のことを書いておきたい。

本書は、一九六八年に紀伊國屋書店より紀伊國屋新書として刊行された。文庫化に際しては、一九七八年に再刊された新装版を底本とした。

ちくま学芸文庫

ナショナリズム　その神話《しんわ》と論理《ろんり》

二〇一五年　八月　十　日　第一刷発行
二〇二四年十一月二十五日　第三刷発行

著　者　橋川文三（はしかわ・ぶんそう）
発行者　増田健史
発行所　株式会社　筑摩書房
東京都台東区蔵前二―五―三　〒一一一―八七五五
電話番号　〇三―五六八七―二六〇一（代表）
装幀者　安野光雅
印刷所　大日本法令印刷株式会社
製本所　株式会社積信堂

Printed in Japan
ISBN978-4-480-09687-6 C0131